CATALOGUE

D'UNE BELLE COLLECTION

D'ESTAMPES ANCIENNES

DE TOUTES LES ÉCOLES

TRÈS-BEAUX PORTRAITS

PAR

DREVET, ÉDELINCK, NANTEUIL, POILLY, SCHMIDT, VAN SCHUPPEN
SUYDERHOEF, ETC.

MAGNIFIQUE ŒUVRE DE GRATELOUP

VIGNETTES DU XVIIIᵉ SIÈCLE

ÉPREUVES AVANT LA LETTRE

LES FABLES DE DORAT — LES MÉTAMORPHOSES D'OVIDE, ETC.

formée dans la fin du siècle dernier

Par MM. RIGNON, Père et Fils

AVOCATS A TURIN

dont la vente aux enchères publiques aura lieu

Hôtel des commissaires-priseurs, rue Drouot, 5

SALLE Nᵒ 4

Les lundi 9, mardi 10 et mercredi 11 décembre 1878
à une heure et demie

Par le ministère de Mᵉ **MAURICE DELESTRE**, commissaire-priseur
RUE DROUOT, 23

Assisté de MM. **DANLOS** Fils et **DELISLE**, marchands d'estampes
QUAI MALAQUAIS, 15.

EXPOSITION PUBLIQUE

LE DIMANCHE 8 DÉCEMBRE 1878, DE 2 A 5 HEURES.

CONDITIONS DE LA VENTE

—

Elle sera faite au comptant.

Les acquéreurs paieront cinq pour cent en sus des adjudications.

MM. Danlos fils et Delisle, chargés de la vente, se réservent la faculté de rassembler ou de diviser les lots.

ORDRE DES VACATIONS

—

Première vacation : *lundi* 9 *décembre* 1878. . .   Nos   1 à 255.

Deuxième vacation : *mardi* 10 *décembre* 1878 .   256 à 466.

Troisième vacation : *mercredi* 21 *décembre* 1878   467 à la fin.

DÉSIGNATION

ESTAMPES ANCIENNES

AKERSLOOT (W.)

1. Corps de garde, d'après P. de Molyn.
   Très-belle épreuve.

ALIAMET (J.)

2. Ancien port de Gênes, par J. Aliamet. — L'Apothéose
   de la Reine, d'après Rubens. Deux pièces.
   Belles épreuves.

ANONYME

3. Le Christ au milieu des Anges, d'après Ch. Lebrun.
   Très-belle épreuve avant la lettre.

AUDRAN

4. Le Portement de croix, d'après P. Mignard. (R. D. 10.)
   Superbe épreuve du premier état, avant la lettre.

5. La Peste d'Ægine, d'après P. Mignard. (R. D. 53.)
   Deux épreuves, dont l'une, du second état, est avant que la
   figure de Junon ait été remplacée par celle d'un ange.

1

6. Martyr de saint Laurent. — Martyr de sainte Agnès. — La Pentecôte. 3 pièces gravées d'après Le Sueur, Le Dominiquin et Ch. Le Brun.

Très-belles épreuves.

7. Le Jugement de Salomon. — Bacchus et Ariane. — Énée sauvant son père Anchise. 3 pièces d'après Ant. Coypel et Le Dominiquin. (R. D. 6-40 et 50).

Très-belles épreuves.

8. Saint Jean baptisant les Pharisiens. — Phryxus sauvé. — Coriolan devant Rome. 3 pièces gravées d'après N. Poussin. (R. D. 31-54 et 55.)

Très-belles épreuves.

AUDRAN (J.)

9. Les Batailles d'Alexandre. — La Bataille et le Triomphe de Constantin. 7 pièces gravées par Tardieu. d'après Ch. Le Brun.

Très-belles épreuves.

BARY (H.)

10. Portrait de jeune femme. — Vieille à sa fenêtre. — Paysan préparant son dîner. Trois pièces d'après Terburg, F. Miéris et P. de Laaer.

Très-belles épreuves.

BAUDET (E.)

11. L'Enlèvement des Sabines, d'après N. Poussin.

Très-belle épreuve. Rare.

BAUDOUIN (d'après P.-A.)

12. Les Amours champêtres. — Les Amants surpris. Deux pièces faisant pendants gravées par P.-P. Choffard. (E. B. 3 et 7.)

Très-belles épreuves.

13. *Jusques dans la moindre chose, etc.* Gravé par Masquelier. (E. B. 27.)

> Très-belle épreuve.

BEAUVARLET (J.-F.)

14. L'Hymen et l'Amour. — La Confidence. — Télémaque dans l'île de Calypso. — L'Enlèvement des Sabines. 4 pièces d'après Boucher, C. Vanloo, Raoux et Giordano.

> Très-belles épreuves.

BELLE (ÉTIENNE DE LA)

15. Le Reposoir.

> Très-belle épreuve du premier état, avant l'adresse de Whiterhout.

16. Sainte Famille. — Fuite en Égypte. — Sujets religieux. Vingt et une pièces.

> Très-belles épreuves.

17. Saint Prosper, descendant du ciel, pour venir secourir la ville de Reggio.

> Très-belle épreuve du premier état, avant les armes au milieu de la tablette contenant l'inscription.

18. Figures sur la mort. Sept pièces.

> Très-belles épreuves.

19. Pompes funèbres. — Titres de Livres. Huit pièces.

> Très-belles épreuves.

20. Différentes chasses. — Animaux. Dix-neuf pièces.

> Très-belles épreuves.

21. Recueil de divers caprices et nouvelles inventions. Suite de dix-huit estampes.

> Très-belles épreuves.

22. Les quatre Saisons dans des cartouches ornementés.

> Très-belles épreuves.

23. Nouvelles inventions de cartouches. Douze pièces.

   Très-belles épreuves.

24. Ornements de feuillages. Seize pièces.

   Très-belles épreuves.

25. Ornements grotesques; douze pièces. — Dessins de vases; six pièces. — Cartouches, douze pièces. Ensemble : trente pièces.

   Très-belles épreuves.

26. Divers exercices de cavalerie. Suite de dix-huit estampes.

   Très-belles épreuves.

26 *bis.* Dessins de quelques conduites de troupes, canons et attaques de villes. Suite de douze estampes.

   Très-belles épreuves.

27. Recueil de différentes pièces très-nécessaires à la fortification. Suite de quatorze estampes.

   Très-belles épreuves.

28. Divers embarquements. — Paysages maritimes. — Caprices militaires. Vingt-quatre pièces.

   Très-belles épreuves.

29. Caprices. Suite de treize estampes.

   Très-belles épreuves.

30. Facétieuses inventions d'amour et de guerre. Douze pièces.

   Très-belles épreuves.

31. Un chasseur. — Paysages avec figures, Ruines. Douze pièces.

   Très-belles épreuves.

32. Divers dessins tant pour la paix que la guerre. — Figures variées. — Caprices. Vingt-deux pièces.

   Très-belles épreuves.

33. Différentes marques, bas-reliefs antiques, Costumes orientaux, Rébus. Vingt-sept pièces.

Très-belles épreuves.

34. Diverses figures et paysages. — Les quatre Saisons. Vingt pièces.

Très-belles épreuves.

35. Études de diverses figures. — Griffonnements. Trente pièces.

Belles épreuves.

36. Caprices. — Sujets d'animaux. Quarante-quatre pièces.

Très-belles épreuves.

37. Principes de dessin. Quarante-cinq pièces.

Très-belles épreuves.

38. Sujets de la Fable. Suite de quarante et une pièces.

Très-belles épreuves avant la lettre.

39. Vues du port de Livourne. Suite de six pièces.

Très-belles épreuves.

40. Représentation en musique, à Florence, de la noce du grand-duc de Toscane, Ferdinand II, et de Victoire, princesse d'Urbain, 1634. Huit pièces.

Très-belles épreuves.

41. Fêtes à Florence pour la royale noce du grand-duc Ferdinand. — Décorations théâtrales. Dix pièces.

Très-belles épreuves.

42. Vues de Florence. — Tournois. Quatre grandes pièces.

Très-belles épreuves.

43. Vue perspective du Pont-Neuf de Paris.

Très-belle épreuve du 1er état, avant la girouette en forme de coq, sur le clocher de Saint-Germain-l'Auxerrois.

44. Statues de Henri IV sur le Pont-Neuf et de Louis XIII sur la place Royale. Deux petites vues de Paris.

Très-belles épreuves.

45. Ferdinand II, empereur. — François, duc d'Étrurie. — Armoiries de Ferdinand II. Trois pièces.

Très-belle épreuve.

46. Montjoye Saint-Denis, Roi d'armes de France.

Très-belles épreuves.

47. Portrait de Carlo Cantu, dit Buffet, comédien sur le Pont-Neuf. Le fond seul, représentant la vue du Pont-Neuf, est gravé par La Belle. Le portrait est gravé par E. Rousselet.

Toute première et très-rare épreuve, peut-être unique, avant toute inscription et avec le seul travail de La Belle, la vue du Pont-Neuf terminée. Le portrait du personnage et les instruments qui sont à ses pieds ne sont indiqués qu'au trait.

47 *bis*. La même estampe.

Très-belle épreuve terminée; elle est avant le nom de Rousselet.

BERVIC (Ch. C.)

48. La demande acceptée, d'après N. C. Lepicié.

Très-belle épreuve.

BLEKER (G.)

49. Le Chariot à quatre roues. — Le Cabriolet. — (B. 10 et 12.) Deux pièces.

Très-belles épreuves.

BLOEMART (C.)

50. Différents sujets de Vierges. — Saintes Familles. — La Vieille à la chandelle. — Le Joueur de musette. — Études. 14 pièces gravées d'après le Titien, le Guide, Honthorst, etc.

Très-belles épreuves.

51. Études d'après A. Bloemaert. Suite de 16 pièces.

Très-belles épreuves.

BLOOTELING (A.)

52. Études de têtes de jeunes garçons. — Le Berger et sa maîtresse. Trois pièces d'après Rubens et G. Flinck.

Très-belles épreuves.

BOSSE (AB.)

53. Le Sculpteur. — Le Graveur. — L'Imprimeur (D. 1386-1388).

Superbes épreuves.

BOSSI (BENIGNO)

54. Études de têtes gravées à l'eau-forte. 33 pièces, dont 2 sont imprimées en rouge.

Très-belles épreuves.

BOUCHARDON (d'après E.)

55. Sacrifice à Cérès. — Les Fêtes Lupercales. — Les Fêtes de Palès. — Triomphe d'Amphitrite. 4 pièces gravées à l'eau-forte par C. et terminées au burin par E. Fessard.

Belles épreuves.

BOUCHER (Fn. d'après)

56. Deux frontispices de livres in-fol., gravés par Duflos.

Très-belles épreuves avant la lettre.

56 bis. Foire de campagne, par Cochin le fils.

Deux épreuves, dont l'une, très-rare, est à l'état d'eau-forte.

BOULANGER (J.)

57. L'enfant Jésus couronnant la Sainte Vierge. — La Vierge
et l'enfant Jésus. — La Mise au tombeau. 4 pièces
gravées d'après S. Vouet et S. Bourdon.

Très-belles épreuves. La dernière est avant la lettre.

BOURDON (S.)

58. Les Œuvres de miséricorde. — La Vierge et l'enfant
Jésus entourés d'anges, gravé par Hainzelman. —
La Vengeance de Latone, d'après Jouvenet. — An-
dromède, d'après Le Moyne. Sept pièces.

Belles épreuves.

BRAUWER (A.)

59. Intérieur de cabaret : quatre buveurs sont autour d'une
table, deux d'entre eux jouent aux cartes. — Autre
intérieur de cabaret : sur le devant un buveur caresse
une femme qui compte de l'argent. Deux pièces.

Très-belles épreuves. Rares.

60. Paysan comptant de l'argent. — Paysan tenant une
cruche. — Paysan riant. — Paysan lisant. — Paysan
ayant devant lui, sur une table, sa pipe et son pot à
tabac. — Paysan tenant un pot. Six pièces.

Très-belles épreuves.

BRUYN (d'après N. de)

61. Adam et Ève dans le Paradis. — Le Christ devant Pilate.
Le Baiser de Judas. 3 pièces.

Très-belles épreuves.

BRY (Th. de)

62. La Fête de village, d'après H. S. Beham.

Belle épreuve.

63. Triomphe de Bacchus.

Belle épreuve.

CABINET REYNST (Pièces tirées du)

64. Dix-sept pièces par :

Dalen (C. V.). La Mise au tombeau, d'après Le Bassan.

Saint en extase. — Saint endormi. Deux pièces d'après C. Vignon.

Falck (J.). Sainte famille, dite au *Poisson*, d'après Schiavone.

Le Portement de croix, d'après Schiavone.

Un Concert, d'après le Guerchin.

La Peinture couronnée par l'Amour, d'après le Guide.

Sémiramis, d'après Le Guerchin.

La Vieille coquette, d'après J. Lys.

Lutma (J.). Saint Jean l'Évangéliste, d'après le Guide,

Matham (J.). La Présentation au temple, d'après Palma le vieux.

La Vierge, l'enfant Jésus et sainte Anne, d'après Raphaël.

Le Mariage de sainte Catherine, d'après P. Véronèse.

Visscher (C.). La Vierge et l'enfant Jésus, d'après le Titien.

L'Ascension, d'après P. Véronèse.

Suzanne et les vieillards, d'après le Guide.

Buste de femme, d'après le Parmesan.

Très-belles épreuves avant la lettre.

CALLOT (J.)

65. Son Portrait gravé par A. Bosse.

    Très-belle épreuve.

66. La Vie de l'Enfant prodigue, suite de onze pièces (M. 53-63). Martyrs des Apôtres. Suite de seize pièces. (M. 120-136). Ensemble, vingt-sept pièces.

    Belles épreuves. La suite de la Vie de l'Enfant prodigue est avant les numéros.

67. François de Médicis, prince de Carignan. (M. 429.)

    Superbe épreuve du premier état. Rare.

68. Le Combat à la barrière. Quatre pièces. (M. 493, 494, 498 et 499.)

    Très-belles épreuves.

69. Louis de Lorraine, prince de Phalsbourg (M. 508.)

    Superbe épreuve.

70. Principaux faits du règne de Ferdinand Ier de Médicis, grand-duc de Toscane. (M. 534-549.) Douze pièces.

    Très-belles épreuves avant la lettre.

71. Les Petites Misères de la guerre. Suite de sept pièces. (M. 557-563).

    Belles épreuves.

72. Les Grandes Misères de la guerre. Suite de dix-huit pièces. (M. 564-581.)

    Belles épreuves du 2e état, avant que les mots : *Israël excudit,* aient été enlevés. Petites marges.

73. La grande thèse dite énigmatique ou symbolique; allégorie à la gloire de François de Lorraine, second fils de Charles III. (M. 615.)

    Très-belle épreuve du 1er état. Rare à rencontrer en aussi bonne condition.

74. L'Éventail (617).

    Très-belle épreuve. Rare.

75. La grande foire de Florence, 2e planche. (M. 625).

Superbe épreuve du 1er état : avant l'adresse de Is. Silvestre.

76. Le Capitan ou Amoureux. — Le Zani ou Scapin. (M. 628 et 629.)

Superbes épreuves avec de petites marges.

77. Les Supplices. (M. 665.)

Très-belle épreuve du 2e état.

78. La Noblesse. Suite de douze pièces. (M. 673-684.)

Très-belles épreuves avant les numéros. Elles sont tachées.

79. La Petite Vue de Paris. (M. 712.)

Superbe épreuve du 1er état, avant le fond représentant le Pont-Neuf. Très-rare.

79 bis. La même estampe.

Très-belle épreuve du second des cinq états, décrits avec la vue du première adresse, celle d'Is. Silvestre.

80. Les deux grandes Vues de Paris. (M. 713, 714.)

Très-belles épreuves du 3e état. Toutes les deux portent, dans la marge du bas, l'adresse d'Is. Silvestre. M. Meaume, dans son catalogue de l'Œuvre de Callot, dit n'avoir vu cette mention que sur la pièce représentant le Louvre.

81. Passage de la mer Rouge. — Massacre des Innocents. — Pièces de l'Ancien Testament. — Sainte Famille. — Saint Mansuet, etc., 19 pièces.

Belles épreuves.

82. La Pandore. — La Chasse. — Titre de la tragédie de Soliman. — Portrait de Del Antella. — La Grande Chasse. — La Foire de Gondroville. — L'Éventail. 9 pièces.

Belles épreuves. Les trois dernières sont des copies.

CARRACHE (A.)

83. Saint Jérôme (B. 74.). — Autre Saint Jérôme (B. 75.).
Le Corps mort de Jésus-Christ, d'après P. Véronèse.
(B. 102.). Trois pièces

Très-belles épreuves.

84. Mercure et les Grâces. — Mars renvoyé par Minerve.
Deux pièces, d'après le Tintoret. (B. 117 et 118.)

Très-belles épreuves.

CHEREAU (J.)

85. La Belle Jardinière, d'après le tableau de Raphaël.

Deux épreuves, dont l'une, très-belle, est avant toutes lettres.

COCHIN (dit le Vieux)

86. Sujets de l'Ancien Testament. Cinq pièces gravées dans
le goût de Callot.

Très-belles épreuves.

COCHIN (d'après N. Ch.).

86 *bis*. Frontispice de livre in-folio, gravé par J. Hussard.
Très-belle épreuve avant la lettre.

COYPEL (Ant.)

87. Le Baptême de Notre-Seigneur. — L'Ecce Homo (R. D.,
4 et 5.).

Très-belles épreuves.

COYPEL (d'après A.)

88. Zéphire et Flore, par B. Picart.
Très-belles épreuves.

89. Nymphe et Satyres. — Renaud et Armide. — Alcide
rendant la vie à Alceste. — Trois pièces, par Château,
Dupuis et Desplaces.

Belles épreuves.

90. Évanouissement d'Esther. — La Toilette de Diane. — Daphné. — Alexandre et Roxane. Quatre pièces gravées par Duchange, Tardieu et Picart.

Belles épreuves.

91. Jacob pleurant la mort de Joseph. — Jésus et la Femme adultère. — Persée et Andromède. — Guérison d'un Paralytique, d'après Restout. — La Charité romaine. Cinq pièces gravées par Simonneau, Poilly, Surugue, etc.

Belles épreuves.

COYPEL (d'après C.)

92. Roland apprend par les Bergers la perfidie d'Angélique et sa fuite avec Médor, par P. Surugue.

Très-belle épreuve.

DANKERTS (D.).

93. Paysages. — Marines, d'après Berghem et Wouwermans. Quatre pièces,

Très-belles épreuves.

DIEPENBEKE (d'après).

94. La Cène, gravée par Natalis. Superbe et très-rare épreuve avec deux lignes de texte et l'adresse de *M. Vanden-Enden.*

DORIGNY (N.).

95. La Transfiguration , d'après Raphaël. — Autre, par J. Chereau. — La Nuit, d'après le Corrège, par Surugue. Trois pièces.

Belles épreuves.

DREVET (P.)

96. Le Sacrifice d'Abraham, d'après Ant. Coypel (F. D. I,).

Superbe épreuve du 1ᵉʳ état avant que les mots : *Rue Saint-Jacques à l'Annonciation*, aient été supprimés dans l'adresse. Rare.

97. Saint Bruno, fondateur de l'ordre des Chartreux, d'après Jouvenet. (F. D. 10.)

Superbe épreuve.

DREVET (P. I.)

98. Rebecca recevant des présents des mains d'Éliézer, d'après M. Coypel.

Très-belle épreuve.

99. Adam et Ève. — Jésus au jardin des Oliviers. Deux pièces, d'après M. Coypel et Restout.

Très-belles épreuves.

DYCK (D'après A.)

100. Bolswert (S.-A.). La Sainte Famille, dite la Vierge aux Anges.

Très-belle épreuve avec la première adresse, celle de *M. Van-den-Enden*.

101. Jésus-Christ expirant sur la Croix, estampe connue sous le nom de Christ à l'éponge.

Très-belle épreuve.

102. Jode (A. de). Sainte Madeleine en méditation.

Superbe épreuve avant la lettre, avec le cartouche en blanc et avant que l'ovale devant renfermer les armoiries ait été effacé.

103. Vorsterman (L.). Le Christ mort sur les genoux de la Vierge.

Très-belle épreuve. Remargée et tachée.

104. Le Christ mort, soutenu par la Sainte-Vierge. — Deux compositions différentes, gravée l'une par S. A. Bolsvert, et l'autre P. Pontius. Deux pièces.
Belles épreuves.

105. Sainte famille. — L'enfant Jésus se reposant sur le globe. — La Vierge donnant le sein à l'enfant Jésus. Trois pièces gravées par S. A. Bolswert, P. de Jode et P. Clouwet.
Belles épreuves.

106. Christ en croix. — Autre Christ en croix dit le Christ au capucin. Deux pièces gravées par P. de Baillu et S. A. Bolswert.
Belles épreuve.s.

107. Silène, ivre, soutenu par un homme et une femme. — Les Adieux de Mars à Vénus. — Bélisaire. Trois pièces gravées par Vanden Steen, C. Waumans et Bosse.
Belles épreuves.

108. La Sainte-Vierge et l'enfant Jésus accompagnés de deux anges dont l'un joue du violon et l'autre de la mandoline. — Le Christ. — La Sainte-Vierge. — Saint-Jérôme. Quatre pièces gravées par Van Kessel, S. A. Bolswert et C. Galle.
Belles épreuves.

ÉCOLE HOLLANDAISE

109. E. Netscher, sa femme et son fils. — L'Alchimiste. — La Peleuse de pommes. — Repas de paysans. — La Lecture. Cinq pièces d'après Netscher, Metzu et Van Vilborgh.
Très-belles épreuves.

110. Eaux-fortes, par J. de Wael, Stoop, etc. Vingt pièces.
Belles épreuves.

111. Diane. — Les deux Amants. — Le Concert, etc. Six pièces d'après Rubens, A. de Coster, Costelyn, etc.
Belles épreuves.

ÉCOLE ITALIENNE

112. Sujets d'après An. Carrache, le Corrège, Pordenone, C.
Maratte, etc. Quatorze pièces.

Belles épreuves.

113. La Cène, d'après le Forlinetanus. — Jésus guérissant les
malades. — Saint François, d'après le Barroche. —
L'Académie, par C. Cort. — Allégories, par Villamena.
Cinq pièces.

Très-belles épreuves.

113 *bis*. Sujets gravés à l'eau-forte, par Lorenzinus, Passali-
nus, Podesta, G. Roli, S. Rosa, etc. Dix pièces.

Belles épreuves.

114. Sujets, d'après le Guide, Ribera, Hamilton, etc. Huit
pièces.

EDELINCK (G.)

115. Moïse, d'après Ph. de Champagne (R. D. 2.)
Très-belle épreuve du 2ᵉ état, avant l'adresse de Drevet.

116. L'Annonciation, d'après Le Poussin (R. D. 3.)
Superbe et très-rare épreuve antérieure au 1ᵉʳ état décrit;
elle est avant beaucoup de travaux, notamment sur le rayon
émanant du Père éternel où l'on voit le Saint-Esprit, le haut
du ciel au milieu de l'estampe est blanc et la main d'un des
anges répandant des fleurs n'est pas terminée.

117. Sainte Famille, d'après Raphaël. (R. D. 4.)
Superbe épreuve avant les armes de l'abbé Colbert.

118. L'enfant Jésus adoré par les anges, d'après J. Stella.
(R. D. 14.)
Superbe épreuve antérieure au 1ᵉʳ état décrit, avant le titre
et adorent eum omnes angeli Dei. Heb. 1.
Très-rare.

119. La Vierge et l'enfant Jésus, d'après J. Stella. (R. D. 6).

Superbe épreuve du 1er état, avant l'écusson d'armes. Elle est signée *P. Mariette*, 1671. Rare.

120. Sainte Famille, d'après Ch. Le Brun. (R. D. 8.)

Très-belle épreuve du 2e état, avant l'adresse d'Audran.

121. Saint Louis, roi de France, d'après Ch. Le Brun. (R. D. 28.)

Très-belle épreuve.

122. Saint Charles Borromée, d'après C. Le Brun. (R. D. 29.)

Très-belle épreuve du 4e état, avant que les mots : *Rue du Foin devant les Mathurins*, à la suite de l'adresse de Drevet, aient été enlevés.

123. Saint François Xavier. (R. D. 30.)

Superbe et très-rare épreuve du 1er état. Elle est avant toutes lettres.

124. Sainte Madeleine, d'après C. Le Brun. (R. D. 32.)

Très-belle épreuve d'un état non décrit, intermédiaire entre le 4e et le 5°. Dans l'adresse de Drevet on lit bien : *se vend*, mais les mots : *rue du Foin devant les Mathurins*, n'ont pas été remplacés par ceux-ci : *aux galleries du Louvre*.

125. Combat des quatre cavaliers, d'après L. de Vinci. (R. D. 44.)

Très-belle épreuve du 2e état, avant les trois points que l'on voit sur la lame du sabre du second cavalier de gauche.

FRAGONARD (H).

126. L'Armoire.

Très-belle épreuve avant l'adresse de Naudet.

GAULTIER (L.)

127. Le Jugement dernier, d'après Michel-Ange.

Très-belle épreuve.

(GESSNER (S.)

128. Sujets de la fable, idyles. Dix pièces.

Très-belles épreuves.

GHEYN (J. de)

129. Lion couché. — Costumes, par Swanenburg. — pièces.

Belles épreuves.

GOLTZIUS (H.)

130. Les Chefs-d'œuvre. Suite de 6 estampes. (B. 15-20.)

Très-belles épreuves.

131. La Nativité. (B. 21).

Très-belle épreuve du 2ᵉ état, avant que l'année 1615 ait été effacée.

132. Les Muses. Suite complète de 9 estampes. (B. 146, 154).

Superbes épreuves avant l'adresse de Dankerts.

GOLTZIUS (d'après H.)

133. La Foi, l'Espérance et la Charité. Suite de trois pièces, gravées par J. Saenredam. (B. 81-83).

Belles épreuves.

134. Les Arts libéraux. Suite de sept estampes. (B. 1 à 7.)

Belles épreuves.

135. La Diligence, la Patience et la Science, par J. Saenredam. (B. 116-118.)

Très-belles épreuves du 1ᵉʳ état.

GOLTZIUS (École de)

136. Sainte Famille. — Sainte Madeleine. — Bellone. — Pan et l'Amour, etc. Sept pièces gravées par Muller, Matham et autres.

Belles épreuves.

137. Agar et Abraham, Vertumne et Pomone. — Différents saints. Huit pièces gravées d'après Bloemaert, par Saenredam, Matham, G. de Passe, etc.

Très-belles épreuves.

138. Adam et Ève. — David et Goliath. — Judith. — Cérès honorée, par des laboureurs.—Les Buveurs et Bacchus. — Scipion retirée de la mêlée par son fils. — Furius Camillus, etc. Neuf pièces gravées par J. Saenredam, d'après Cornelis, L. de Leyde, Gotlzius, P. de Caravage, etc.

Très-belles épreuves.

GREUZE (d'après J.-B.)

139. Son portrait, par Flipart.

Belle épreuve.

140. Étude du tableau de la Dame de charité, gravé par Massard.

Très-belle épreuve.

141. L'Oiseau mort, par Flipart.

Très-belle épreuve avec la signature de Greuze et de Flipart au verso.

142. La Savonneuse, par J. Danzel.

Très-belle épreuve.

143. La Lecture de la Bible, par P. Martenasie.

Très-belle épreuve.

144. L'Accordée de village. — Le Paralytique servi par ses enfants. Deux pièces gravées par Flipart.

Très-belles épreuves avec les signatures de *Greuze* et de *Flipart* au verso.

145. Les OEufs cassés. — Le Geste napolitain. Deux pièces faisant pendants, gravées par Moitte.

Très-belles épreuves.

GOUDT (comte de Henri)

146. L'Ange et le jeune Tobie. — Cérès cherchant sa fille. Deux pièces.

> Très-belles épreuves.

HAEFTEN (N. Van).

147. Le Grand Fumeur. (B. 7.)

> Très-belle épreuve, remargée.

148. Charlatan tenant une bouteille. (Rigal 22.)

> Première épreuve, avant le ciel.

JORDAENS (d'après L.)

149. La Fuite en Égypte, gravée par P. Pontius.

> Très-belle épreuve du 1er état, avant l'adresse de Blooteling.

150. L'Adoration des bergers. — Le Martyr de sainte Apolline. Deux pièces gravées par P. de Jode et Marinus.

> Belles épreuves.

151. Saint Martin, évêque de Tours, guérissant le Possédé.

> Très-belle épreuve. Remargée.

152. Pan jouant de la flûte champêtre, gravé par S.-A. Bolswert.

> Très-belle épreuve avant l'adresse de *Blooteling*.

153. Le Satyre chez les paysans. Deux compositions différentes, gravées l'une par J. Neefs et l'autre par L. Vorsterman.

> Superbes épreuves avant l'adresse de Blooteling.

154. Jupiter et Mercure chez Philémon et Baucis. — Argus garde Io. — La Vanité. Trois pièces gravées par N. Lauwers, S.-A. Bolswert et A. Voet.

> Belles épreuves.

155.   Le Roi de la fève, gravé par P. Pontius.

> Deux épreuves dont l'une, superbe et très-rare, est avant toutes lettres ; elle est sans marge et a des retouches au pinceau, lesquelles sont bien certainement des indications du peintre au graveur.

JOUVENET (d'après J.)

156.   Jésus chassant les vendeurs du Temple. — La Madeleine aux pieds du Christ. — Jésus guérissant les malades. — La Pêche miraculeuse. — La Résurrection de Lazare. Cinq pièces gravées par G. Duchange et J, Audran.

> Très-belles épreuves.

157.   Le Mariage de la Vierge. — L'Adoration des Mages. — Sujets religieux. Quatre pièces gravées par Dossier, Loir et Thomassin.

> Très-belles épreuves.

KRAUSEN (J.-U.)

158.   Vue intérieure de Saint-Pierre de Rome, 1700.

> Belle épreuve.

LANCRET (d'après N.)

159.   Le Glorieux. — Le Philosophe marié. Deux pièces faisant pendants, gravées par C. Dupuis.

> Très-belles épreuves.

LE BAS (J.-P.)

160.   La Récompense villageoise, d'après Claude le Lorrain.

> Deux épreuves, dont l'une, avant toutes lettres, n'est pas entièrement terminée. Très-rare.

161.   L'Enfant prodigue. — Les Œuvres de Miséricorde. — Embarquement de vivres. Trois pièces gravées d'après D. Téniers et Berghem.

> Très-belles épreuves.

LE BAS et autres.

162. Tableaux de l'école hollandaise des cabinets du duc de
Preslin et de M. Baudouin. Dix-sept pièces.

Belles épreuves.

LE CLERC (S.)

163. L'Académie des Sciences et des Beaux-Arts.

Deux épreuves avec des différences, l'une est avant le nom
du chevalier R.

164. L'Entrée-d'Alexandre dans Babylone.

Deux épreuves, dont l'une, du 1er état, est avec la tête d'A-
lexandre vue de profil. Rare.

165. Les Batailles d'Alexandre d'après Ch. Le Brun. L'Apothéose d'Isis, etc. Dix pièces.

Belles épreuves.

LEMPEREUR (L.)

166. Le Jardin d'amour. — Le Festin espagnol. Deux pièces
d'après Rubens et Palamèdes.

Très-belles épreuves.

LE PAON (d'après)

167. Revue de la Maison du roi au Trou d'enfer, gravé par
J.-Ph. Le Bas.

Très-belle épreuve.

LONDONIO (F.)

168. Études d'Animaux. Dix-huit pièces, dont un grand nom-
bre, tirées sur papier teinté, sont rehaussées de blanc.

LUTMA (Jean le fils)

169. Bustes de Tacite, de Vondel, de Lutma père et fils. Suite
de quatre pièces gravées au maillet,

Superbes épreuves.

MARCENAY DE GHUY (A. DE)

170. — Le Faiseur de châteaux de cartes. — Les Testament
d'Eudamidas. — Régulus. — Le Fleuriste. — Études
de tête, etc. Onze pièces d'après Chardin, Poussin,
Rembrandt, etc.

Très-belles épreuves.

MASSON (A.)

171. Sainte Famille, d'après Mignard. (R. D. 3.)

Superbe épreuve du 1er état avant l'adresse de Van Merlen
et avec la date de 1668.

172. Les Disciples d'Emmaüs, morceau connu sous le titre de
la Nappe, d'après Le Titien (R. D. 5.)

Très-belle épreuve du 2e état.

MELLAN (Cl.)

173. Tête de Christ, sujets religieux et allégoriques, frontispices et titres de livres. Dix pièces.

Très-belles épreuves.

MORIN (J.)

174. La Vierge adorant l'enfant Jésus, d'après le Titien. —
Tête de Mort, d'après Ph. de Champaigne. — Paysage
d'après Feuquière. Trois pièces (R. D. 15, 39 et 97.)

Très-belles épreuves.

MOYREAU (J.)

175. Les Bûcherons, d'après Ph. Wouwermans.

Deux épreuves, dont l'une, très-rare, est à l'état d'eau-forte.

176. Cour de ferme, d'après Ph. Wouwermans.

Très-belle épreuve avant la lettre.

NOLPE (P.)

177. Différents mois de l'année, avril, juin, novembre et décembre; cette dernière pièce est double. —L'eau. Six
pièces.

Belles épreuves.

PARROCEL (par et d'après J.-P.)

178. Le Triomphe d'Esther, d'après de Troy. — Batailles.
Trois pièces.

Très-belles épreuves.

PASQUIER (J.)

179. Louis XV tenant le sceau en personne le 4 mars 1757.

Belle épreuve.

PICARD (S.)

180. Le Mariage mystique de sainte Catherine, d'après le
Corrège.

Superbe et très-rare épreuve avant toutes lettres.

PICART (B.)

181. Tapisseries de Mgr le duc d'Orléans, représentant l'histoire de Méléagre, d'après les tableaux de Ch. Le Brun.
Huit pièces.

Belles épreuves.

181 *bis*. Titres de livres, vignettes. Trente-trois pièces.

Très-belles épreuves.

181 *ter*. Monument consacré à la postérité, en mémoire de la
folie incroyable de la vingtième année du XVIIIᵉ siècle.

Très-belle épreuve.

POILLY (F. de)

182. La Vierge au voile, d'après Raphaël.

Très-belle épreuve avant les contre-tailles sur le linge que lève la Vierge et avant que les armoiries aient été changées.

183. Le Repos en Égypte, d'après A. Carrache.

Très-belle épreuve.

184. Saint Pierre dans sa prison, d'après le Dominiquin.

Très-belle et rare épreuve avant toute lettres.

185. Sainte Catherine, d'après P. de Cortone.

Superbe et très-rare épreuve avant toutes lettres.

186. La Nativité. — La Fuite en Égypte. — Sainte Famille. Sainte Famille où l'enfant Jésus et saint Jean tiennent un agneau. Quatre pièces d'après Le Guide et J. Stella.

Très-belles épreuves.

187. Saint Charles communie les pestiférés de Naples. — La Vierge, l'enfant Jésus et saint Jean. Deux pièces d'après P. Mignard.

Très-belles épreuves.

PORPORATI (N.)

188. Agar et Ismaël dans le désert, gravé d'après le tableau du Corrège dit la Zingarina.

Superbe épreuve avant toutes lettres. Excessivement rare.

189. La Mort d'Abel, d'après Ad. Van-der-Werff.

Superbe épreuve avant toutes lettres.

190. Suzanne au bain, d'après Santerre.

Très-belle épreuve, avant l'indication de Porporati à l'académie.

191. Le Bain de Léda, d'après le Corrège.

Très-belle épreuve.

192. Herminie chez les bergers, d'après Vanloo.

Très-belle épreuve avant toutes lettres.

193. Vénus caressant l'Amour, d'après Pompeo Battoni.

Superbe épreuve avant toutes lettres.

194. Le Coucher. — Le Devoir naturel. — Deux pièces, d'après Vanloo et Lavy.

Très-belles épreuves.

195. La Petite Fille au chien, d'après Greuze.

Très-belle et rare épreuve avec la première adresse, celle de la rue Thibautodé.

ROULLET (J.)

196. La Vierge et l'Enfant Jésus. — Les Saintes Femmes au tombeau du Christ, d'après Ant. Carrache. — Sainte Famille, d'après le Parmesan. — La Mélancolie, d'après D. Féti. Quatre pièces.

Belles épreuves.

197. Vignettes, culs-de-lampe, d'après C. Ferrus. Quatorze pièces.

Belles épreuves.

RUBENS (d'après P.-P.)

198. Bolswert (B.-A.) Le Jugement de Salomon. (B. 24.)

Très-belle épreuve. Rare.

199. La Résurrection de Lazare. (B. 61.)

Très-belle épreuve déchirée dans la partie inférieure.

200. Bolswert (S.-A.) La Résurrection. (B. 109.)

Superbe épreuve avec l'adresse de Van-den Enden et avec une seule ligne de titre au lieu de trois que l'on voit dans les états suivants.

201. La Trinité, où l'on voit Jésus-Christ mort sur les genoux du Père Éternel (B. 123).

Très-belle épreuve avec la première adresse, celle de Martin-Vanden-Enden. Remargée.

202. La Conversion de saint Paul (B. 129.).

Très-belle épreuve du premier état, avant les mots : *Cum privelegys Regis* à la suite du mot *excudit*. Elle est remargée et a dans le bas une déchirure entamant l'estampe.

203. Les Pères de l'Église et sainte Claire au milieu d'eux tenant les Saints-Sacrements (B. 4.).

Superbe épreuve avec marge.

204. La Sainte Vierge que l'Enfant Jésus embrasse (B. 29.).

Très-belle épreuve avec l'adresse de J. Hendricx.

205. L'Enfant Jésus sur une table caressant la sainte Vierge. — La sainte Vierge tenant l'Enfant Jésus sur ses genoux et un globe de la main droite. — Deux pièces (B. 34 et 36.).

Superbes épreuves. La première est remargée.

206. Sainte Famille où l'Enfant Jésus et saint Jean caressent un agneau (B. 55.).

Très-belle épreuve du premier état avec l'adresse de M. Vanden-Enden. Marge.

207. Sainte Barbe. — Sainte Catherine. — Deux pièces. (B. 6 et 13.)

Superbes et premières épreuves avant toutes adresses.

208. Diane au retour de la chasse (B. 26.).

Très-belle épreuve avec l'adresse de G. Hendricx.

209. Bacchus ivre soutenu par un Satyre et une autre figure (B. 65.).

Très-belle épreuve avec l'adresse de F. de Witt.

210. Un paysage représentant une forêt où se fait une chasse
(B. n° 17 de la suite.).

Très-belle et rare épreuve avant toutes lettres.

211. Deux pièces de la suite des grands Paysages (B. 2 et 5.).
Deuxième pièce de la suite des petits Paysages (B. 8
et 10.). Ensemble quatres pièces.

Très-belles épreuves avec l'adresse de G. Hendricx. Le n° 10
de la suite des petits Paysages est avec celle de M. Van-den-
Enden.

212. **Caukerken** (C. Van). Le Martyr de saint Lievin, évêque
de Gand (B. 36.).

Superbe épreuve du premier état, avant l'adresse de G. de
Hollander.

213. **Clouwet** (P.). La Descente de croix (B. 97.).

Très-belle épreuve avec l'adresse de J. Meyssens.

214. **Dalen** (G. Van). Les Quatre Pères de l'Église (B. 3.).

Très-belle épreuve du premier état, avant l'adresse de Bloo-
teling.

215. La Nature embellie par les grâces (B. 56.).

Belle épreuve.

216. **Galle** (C.). L'Ecce-homo. — Le Christ mort sur les genoux de la Vierge (B. 72 et 185.).

Très-belles épreuves du premier état, avec les premières
adresses, celles de Th. et de C. Galle.

217. Les Quatre Pères de l'Église (B. 3.).

Très-belle épreuve du premier état, avant l'adresse de G. Hendricx. Elle est signée *P. Mariette*, 1674.

218. L'Enfant-Jésus et saint Jean jouant avec un agneau. —
Sénèque debout, seul et prêt à expirer dans le bain.
— Progné faisant voir la tête de son fils à son époux,
après lui en avoir fait mangee le corps. Trois pièces
(B. 20 et 36.).

Belles épreuves.

219. **Jeghers** (Ch. de). La Téntation de Jésus-Christ dans le désert. — Silène ivre, soutenu par un satyre et par un homme. Deux pièces gravées sur bois (B. 37 et 40.).

> Très-belles épreuves.

220. Jésus-Christ donnant les clés à saint Pierre (B. 49.).

> Très-belle épreuve avec l'adresse de M. Vanden-Enden.

221. Hercule exterminant la Fureur. Pièce gravée sur bois (B. 14.).

> Très-belle épreuve.

222. **Kessel** (Th. Van). Paysage où se voit sur le devant et au milieu de l'estampe un homme qui conduit une charrette remplie de légumes (B. 20.).

> Très-belle épreuve. Fort rare. Elle est remargée.

223. **Lauwers** (N.). Ecce-homo (B. 68.),

> Très-belle épreuve du premier état, avec le nom de Lauwers qui, plus tard, fut remplacé par celui de Bolswert.

224. **Leeuw** (G. de). La sainte Vierge à genoux et soutenue par des Anges, dont un tire un glaive qui lui perce le cœur (B. 64.).

> Superbe épreuve du premier état, avant l'adresse de J.-Ph. Le Bas et avant la suppression d'un des cinq cailloux que l'on voit à terre, près des clous.

225. Chasse au lion et à la lionne (B. 4.).

> Très-belle épreuve avec la première adresse, celle de F. de Witt.

226. Chasse au sanglier. — Chasse au crocodile et à l'hippopotame. Trois pièces (B. 6, 8 et 12.).

> Belles épreuves avec les adresses de F. de Witt et de Dankertz.

227. **Marinus** (Ig.). Résurrection d'un mort et guérison miraculeuse de plusieurs malades par saint François Xavier. — Saint Ignace de Loyola, guérissant des possédés (B. 16 et 24.).

> Belles épreuves.

228. **Pontius** (P.). Suzanne surprise par les vieillards (B. 34.)

> Très-belle épreuve. Remargée.

229. Présentation au temple (B. 33.).

> Très-belle épreuve du premier état, avant toute adresse; elle est remargée et trouée.

230. La Flagellation (B. 70.),

> Très-belle épreuve avec la première adresse, celle de C. Vander Steck.

231. Descente du Saint-Esprit. (B. 119.)

> Très-belle épreuve, remargée.

232. Tête de Christ. — Le Portement de croix. — Le tableau de la chapelle où est le tombeau de Rubens. Trois pièces. (B. 75 et 17.)

> Belles épreuves.

233. **Ryckmans** (N.). L'enfant Jésus embrassant la sainte Vierge. — Achille, à la cour de Lycomède, reconnu par Ulysse. Deux pièces. (B. 1 et 51.)

> Très-belles épreuves. La seconde est remargée.

234. **Sompel** (P. van). Jésus-Christ à table avec les pèlerins d'Emmaüs. (R. 115.)

> Très-belle épreuve avec la première adresse, celle de Soutman. Remargée.

235. **Soutman** (P.). Sennachérib épouvanté du carnage que l'ange exterminateur fait dans son armée. (B. 25.)

Très-belle épreuve. Remargée.

236. Saint François d'Assise recevant l'enfant Jésus de la Sainte Vierge. (B. 13.)

Très-belle et rare épreuve avec la première adaesse, celle de Soutman.

237. Silène, ivre, soutenu par un satyre et par une négresse. (B. 64.)

Très-belle épreuve du 1er état, avant les draperies au Silène.

238. Chasse au lion et à la lionne. — La chasse au loup. — La chasse au sanglier. — Chasse au sanglier, en deux feuilles. Quatre pièces. (B. 21-3-5, 7 et 9.)

Très-belles épreuves.

239. **Suiderhoef.** Bacchanale. (B. 54.)

Très-belle et rare épreuve du 1er état, avec la première adresse, celle de P. Soutman.

240. Bacchus, ivre, soutenu par un satyre et par un Maure. (B. 58.)

Très-belle épreuve avec la première adresse, celle de Soutman; et avant la draperie au Bacchus. Elle est pliée par le milieu.

241. Chasse aux lions et aux tigres, où se voit un tigre mort. (B. 21-2.)

Très-belle épreuve.

242. **Swanenburg.** Loth et ses filles. (B. 5 et 7.)

Très-belle épreuve avant l'adresse de Cl. de Jonghe. Remargée.

243. **Voet.** Judith mettant la tête d'Holopherne dans un sac. (B. 28.)

Très-belle épreuve du 1er état, avec la première adresse, celle du graveur, signée P. Mariette, 1671.

244. La Vierge et l'enfant Jésus, à qui des anges présentent une corbeille avec des fruits. (B. 35.)

Très-belle épreuve.

245. La Charité romaine. — Satyre soutenant une corbeille remplie de raisins et d'autres fruits. Deux pièces. (B. 37 et 62.)

Belles épreuves.

246. **Vorsterman** (L.), Suzanne au bain. — Retour d'Égypte. Deux pièces. (B. 33 et 30.)

Très-belles épreuves avec l'adresse du graveur.

247. Loth sortant de Sodome. — La Nativité. — Martyr de saint Laurent. — Job sur son fumier, tourmenté par sa femme et des diables. Quatre pièces. (B. 3.7.6 et 37.)

Belles épreuves.

248. **Witdouc** (H.). Sainte Famille, où saint Jean tient le pied gauche de l'enfant Jésus. (B. 46.)

Très-belle et rare épreuve du 1er état, avec la première adresse, celle du graveur.

249. Sainte Famille, où la Vierge, assise, tient l'enfant Jésus qui dort sur son sein. (B. 50.)

Belle épreuve du 1er état, avant l'adresse de Moeremans.

250. Melchisédec, ayant béni du pain et du vin, le présente à Abraham. — Jésus-Christ porté au tombeau. Deux pièces. (B. 10 et 106.)

Très-belles épreuves. La première est signée *P. Mariette,* 1674.

251. **Wyngaerde**. Les Noces de Thétis et de Pélée. — Des soldats faisant du tapage. Deux pièces. (B. 41 et 63.)

Très-belles épreuves.

252. Bacchanale où l'on voit un faune ivre, appuyé sur un tigre. (B. 53.)

Superbe épreuve. Remargée.

253. Saint Roch. — Le Christ au jardin des Oliviers. — Méléagre présentantant la hure du sanglier. Trois pièces,
gravées par un anonyme, P. de Baillu et C. Bloemaert.

Très-belles épreuves.

254. Paysage où l'on voit des chevaux dans une écurie. —
Silène. — Achille à la cour de Lycomède. Trois pièces,
gravées par Clouwet, Popels et C. Visscher.

Belles épreuves.

255? Sennachérib. — Couronnement d'un évêque, par Soutman. — Sujets religieux, par Bolswert. Six pièces.

Belles épreuves

SADELER (Marco)

256. Le Massacre des Innocents, d'après le Tintoret.

Deux très-belles épreuves dont l'une est avant la lettre.

SADELER (les)

257. La Vierge avec l'enfant Jésus assise au milieu d'un paysage. — Le Portement de croix. Deux pièces d'après
A. Durer.

Très-belles épreuves.

258. Sainte Famille. — Les Saisons. — Narcisse. — Hercule et
Omphale, Minerve. Huit pièces, d'après le Basan,
Spranger, etc.

Très-belles épreuves.

SAENREDAM (J.)

259. L'histoire d'Adam. Suite de 6 estampes, d'après A. Bloemaert. (B. 13.18.) — Les femmes dont il est parlé dans
la Bible. Quatre pièces. (B. 1-2-5 et 6.) Ensemble 10
pièces.

Belles épreuves.

SCHMIDT (G. F.)

260. Les Deux fumeurs, d'après A. V. Ostade. (J. 160.)

Très-belle épreuve.

261. Présentation au Temple (J. 167.). — Le Buste de la sainte Vierge (163.). Deux pièces, d'après Rembrandt et Sasso-Ferrato.

Très-belles épreuves.

262. Grandeur d'âme d'Alexandre envers son médecin Philippe, d'après N. Le Sueur (J. 168.).

Très-belle épreuve.

263. La Présentation de la sainte Vierge au temple, d'après P. Testa (J. 172.).

Superbe et très-rare épreuve avant la dédicace et avant les armes.

264. Sara donne sa servante Agar pour femme à Abraham (J. 175.). — Le vieux Tobie raillé par sa femme (177). Deux pièces, d'après Diétrich.

Très-belles épreuves.

SCHMUZER (J.)

265. Saint Ambroise et Théodose le Grand. — Mutius Scævola se brûlant la main droite en présence de Porsenna. Deux pièces faisant pendants, gravées d'après Rubens.

Très-belles épreuves.

SCHUPPEN (P. VAN).

266. La Vierge à la Chaise. — Sainte Famille. Deux pièces, d'après Raphaël et S. Bourdon.

Très-belles épreuves.

SEGHERS (d'après G.)

267. Le Reniement de saint Pierre. — Sainte Famille. Deux
pièces gravées par S.-A. Bolswert.

Très-belle épreuve, remargée.

268. Le Christ et les Apôtres. Suite de quatorze pièces gravées par S.-A. Bolswert.

Superbes épreuves avec l'adresse de M. Vanden-Enden.

SILVESTRE (Is.)

269. Différents paysages. Suite de douze pièces.

Très-belles épreuves.

STOOP (D. van)

270. Vue du Palais-Royal de Lisbonne.

Très-belle épreuve avec marge.

SUIDERHOEF (J.).

271. La Famille de Satyres, d'après P. Van Laer (W. 110.).

Superbe épreuve du premier état, avec la première adresse,
celle de *R. Tinneken.*

272. La Vieille. — Le Buveur. Deux pièces gravées d'après
A. Van Ostade (W. 118 et 119.).

Belles épreuves du second état.

273. Le Coup de couteau, d'après G. Terburg (W. 122.).

Superbe et très-rare épreuve du premier état, avant toutes
lettres.

274. La Rixe, d'après Ad. Van Ostade (W. 127.).

Très-belle épreuve du troisième état, avant que l'adresse de
Cl. de Jonghe ait été remplacée par celle de *De Wit.*

275. Le Bal, d'après Ad. Van Ostade (W. 128.).

Superbe épreuve du premier état, avec l'adresse de *P. Goos.*

TENIERS (d'après D.)

276. Le Repas flamand. — Le Chirurgien flamand. — Buveurs, etc. Sept pièces.

ULIET (J. G. van)

277. Le Vendeur de chansons. — Les Débauchés. — Gogaille de paysans. — Le Goût. Quatre pièces.

Superbes épreuves.

278. Les Arts et métiers. Suite de dix-huit estampes, dont nous ne possédons que seize (manquent les n°s 35 et 47, de Claussin).

Très-belles épreuves.

VANLOO (d'après)

279. La Lecture espagnole. — La Conversation espagnole. Deux pièces faisant pendants, gravées par Beauvarlet.

Très-belles épreuves.

280. Bacha faisant peindre sa maîtresse. — Contrat de mariage. — Énée portant son père. Trois pièces gravées par Lépicié et Dupuis.

Belles épreuves.

VAUQUER

281. Motifs d'orfèvrerie à plusieurs sur la feuille. Six pièces.

Très-belles épreuves.

VELDE (J. Van de)

282. Jacob et Laban. — Fête de village. — L'Air. — La Terre. Quatre pièces.

Très-belles épreuves.

VERNET (d'après J.)

283. Les Ports de France, gravés par N. Cochin, Le Bas, etc.
Onze pièces.

> Belles épreuves rognées au trait carré, huit d'entre elles sont entourées de bordures dessinées.

VISSHER (C.)

284. Les Évangélistes. Suite complète de quatre pièces, d'après lui-même (L. 10-13.).

> Superbes épreuves avant que les mots *et excudebat Harlemi, 1650,* aient été effacés.

285. La Fricasseuse (S. 42.).

> Très-belle épreuve avant l'adresse de Cl. de Jonghe. Remargée.

286. Le Chasseur, d'après Van Laer (S. 71.).

> Très-belle épreuve du second état, avant que l'adresse de *Booys* ait été effacée.

287. Le Maréchal ferrant, d'après P. de Laer (W. S. 77.)

> Très-belle épreuve du premier état, avant la lettre.

VISSHER (J.)

288. Sujets militaires, d'après P. Wouwermans. Trois pièces.

> Très-belles épreuves dont l'une est avant toutes lettres.

289. Sujets d'Animaux, d'après N. Berghem, compositions en largeur. Sept pièces.

> Très-belles épreuves.

VISSHER (les)

290. La Mise au tombeau. — Le Tireur d'arc. — Le petit Chat. Trois pièces.

> Belles épreuves.

291. Le vieil Homme et la Femme. — La Dévideuse. — Les Buveurs, etc. Sept pièces, d'après Ad. Van Ostade.

Belles épreuves.

292. Paysages avec figures et animaux. Sept pièces, d'après Berghem.

Belles épreuves.

VORSTERMAN (L.)

293. La Vierge au Rosaire, d'après M.-Ange Caravage.

Superbe épreuve. Remargée.

294. La Querelle de paysans, d'après P. Breughel.

Superbe épreuve, avec une petite marge.

295. Le Christ au jardin des Oliviers. — Nicolas Rodulpho. Deux pièces, d'après An. Carrache et J. de Brouwer.

VILLE (J.-G.)

296. Le Repos de la Vierge. — Les Bons Amis. Deux pièces gravées d'après Diétricy et Ostade (L. B. 2 et 56.).

Très-belles épreuves.

297. Les Musiciens ambulants, d'après Diétricy (L. B. 52.).

Très-belle et rare épreuve avant l'e au mot *électorale.*

298. Les Offres réciproques, d'après Dietricy (L. B. 53.).

Très-belle épreuve.

299. Le Concert de famille, d'après G. Schalken (L. B. 54.).

Très-belle épreuve.

300. Le jeune Joueur d'instrument, d'après G. Schalken (L. B. 67.).

Très-belle épreuve.

301. La Dévideuse. — La Liseuse. Deux pièces faisant pendants, gravées d'après G. Dow (L. B. 61 et 62.).

Très-belles épreuves avec la dédicace, laquelle est effacée dans les épreuves postérieures.

302. La Ménagère hollandaise, d'après G. Dow (L. B. 63.),

Très-belle épreuve.

303. L'Observateur distrait, d'après F. Mieris (L. B, 65.).

Très-belle épreuve.

304. La petite Écolière. — La Maîtresse d'école. Deux pièces faisant pendants, gravées d'après Wille fils (L. B. 69 et 70.).

Très-belles épreuves.

305. Agar présenté à Abraham. — Le petit Physicien. — La bonne Femme de Normandie. Trois pièces gravées, d'après Dietricy et Wille fils (L. B. 1, 66 et 71.)r

Belles épreuves.

306. La Tricoteuse hollandaise. — La Cuisinière hollandaise. — La Gazetière hollandaise. Trois pièces gravées d'après Mieris, Metzu et Terburg (L. B. 64, 67 et 68.).

Très-belles épreuves.

PORTRAITS

BEAUVARLET (J.-F.)

313. Le Comte d'Artois, enfant, et Madame montée sur une
chèvre, d'après F. Drouais.
Superbe épreuve avant la lettre.

314. Les Enfants du duc de Béthune. — Les Enfants du duc
de Savoie, d'après Drouais. Deux pièces.
Belles épreuves.

BERVIC (Ch.-Cl.)

315. Sénac de Meilhan (Gabriel de), intendant de Hai-
nault, d'après J.-S. Duplessis. In-fol.
Très-belle épreuve avant la lettre.

BLOOTELING (A.)

316. Miéris (F.), célèbre peintre, d'après lui-même. In-4.
Très-belle épreuve.

BLOT (M.)

317. Géry (A.-G. de), abbé de Sainte-Geneviève. In-fol.
Très-belle épreuve, avant toutes lettres.

CHATEAU (F.)

318. Bargelini (Pierre), archevêque de Thèbes, nonce en
France pour Clément IX. In-fol.
Très-belle épreuve, avant la lettre et avant les armes.

CARRACHE (A.)

319. Sivel (Jean-Gabriel), célèbre comédien. In-8. (B. 153.)
Très-belle épreuve.

320. Portrait du Titien. (B. 159.)
Très-belle épreuve.

CARS (L.)

321. **Clairon** (H. de la Tude) dans le rôle de Médée. — **Auguier** (M.). — **Bourdon** (S.). Trois pièces in-fol., d'après C. Vanloo, H. Rigaud et G. Revel.

Très-belles épreuves.

CHEREAU (les)

322. **Blasius III.** — **Gassot** (R.). — **Pernot** (A.). — **Polignac** (M. de). — **Renaudot** (E.). Cinq portraits in-fol. d'ecclésiastiques, d'après H. Rigaud, Ranc, etc.

Belles épreuves.

323. **Dettleu** (Conr.), homme d'État allemand. — **Pardaillan de Gondrin** (L. A.), lieutenant général. Deux pièces in-fol., d'après H. Rigaud.

Belles épreuves.

324. **Cheron** (Sophie). — **Largillière** (N. de) — **Pecour** (L.) — **Launay** (N. de). Quatre pièces in-fol., d'après Largillière, H. Rigaud, etc.

Belles épreuves.

CHODOWIECKI (D.-N.)

325. **Ernst Dietrich.** — **Bruckmann.** — **Teller.** — **Malher.** Quatre pièces in-8 et in-4.

Très-belles épreuves.

COCHIN (d'après Ch.-N.)

326. **Cayeux** (P.), gravé par L. Lempereur.

Deux épreuves, dont l'une, très-rare, est à l'état d'eau-forte.

COCHIN (par et d'après Ch.-N.)

327. Portraits de savants et artistes du XVIIIᵉ siècle, gravés par A. de Saint-Aubin et autres, 26 p. in-4.

Très-belles épreuves.

COLLIN (RICHARD)

8. **Metternich** (Lothaire-Frédéric de), archevêque de Mayence, d'après E. Quellinus. Gr. in-fol.

Très-belle épreuve.

GOSSIN et DANZEL

329. **Conrard** (V.). — **Chauveau** (F.). — Les Enfants de Rubens. Trois pièces gravées d'après C. Le Fébure et Rubens.

Belles épreuves.

DALEN (C. VAN)

330. **Piombo** (S. del), d'après le Titien. In-fol.

Très-belle épreuve, avant la lettre.

331. **Shurman** (Anne-Marie), peintre, d'après Van Ceulen. In-fol.

Très-belle épreuve, avec l'adresse de Cl. de Jonghe.

DAULLÉ (J.)

332. **Caylus** (M. de Valois, comtesse de), d'après H. Rigaud. In-fol.

Très-belle épreuve.

333. **Gendron** (Claude Deshayes), oculiste, d'après H. Rigaud. In-fol.

Superbe épreuve, avant la lettre, mais avec les noms des artistes.

334. **La Peyronie** (François-Gigot de), chirurgien, d'après H. Rigaud.

Très-belle et rare épreuve, non décrite, avant les noms des auteurs dans la marge du bas, sous le trait carré.

335. **La Peyronie** (de). — **Maupertuis** (L.-Moreau de). Deux pièces in-fol., d'après H. Rigaud et R. Tournière.

Très-belles épreuves.

336. Mignard (Catherine), comtesse de Feuquière, d'après P. Mignard. In-fol.

> Très-belle épreuve du 1er état, avant l'adresse du graveur.

337. Sutaine (P.), abbé de Sainte-Geneviève. — **Roupeau** (J.-B.) Deux pièces in-fol., d'après Aved et H. Guillemard.

> Très-belles épreuves.

DELATRE (J.-M.)

338. Beaumarchais (P.-A. Caron de). — **Linguet** (H.). — **Colombe** (Mlle). Trois pièces in-8.

> Très-belles épreuves.

DELFF (W.)

339. Oxienstern (Axel), chancelier de Suède, d'après Miereveldt. In-fol.

> Très-belle épreuve.

340. Orange (Guill. prince d'). — **Wolfgang Guillaume**, comte palatin du Rhin. Deux portraits in-fol., d'après Miereveldt.

> Très-belles épreuves.

341. Hogerbeets Hornanius (R.). — **Rolandus** (J.). — **Sinion Episcopus** (D.). Trois pièces in-4.

> Très-belles épreuves. Les deux premières pièces sont signées P. et C. Aug. Mariette, 1694.

DEMARTEAU (G.)

342. Vanloo (C.), peintre du roi. — Portrait d'un personnage assis et tenant une canne à la main. Deux pièces in-fol. et in-4, gravées à la sanguine, d'après C. Vanloo et C. C.

> Très-belles épreuves.

DESPLACE (L.)

343. **Duclos** (Mlle), de la Comédie-Française, d'après N. de Largillière. In-fol.

Très-belle épreuve, avant l'adresse de l'éditeur.

DESPLACE et DOSSSIER

344. **Becaille** (M.) veuve de M. Titon. — **Neyret de la Ravoye** (Anne-Varice de Vallière Mme). Deux pièces in-fol., d'après N. de Largillière et H. Rigaud.

Très-belles épreuves

DESROCHERS (Ét.)

345. **Poerson** (Ch. Fr.), peintre, d'après N. de Largillière. In-fol.

Superbe et très-rare épreuve, avant toutes lettres. Le cartouche est blanc et la bordure n'est pas entièrement terminée.

DIVERS

346. François **Quesnay**, d'après Fredou. — **Charles-Emmanuel** de Savoie. — **Dubus-Préville**, par Romanet. **Brizard**, par J. Avril. Quatre pièces.

Belles épreuves.

347. Colin de **Vermont, Lafosse, Lebardier, Pierre et Valentin.** Cinq pièces.

Belles épreuves.

348. Le Président **Hénault**, marquis de Saint-Auban, l'abbé **Auber**, etc. Douze port. in-4 et in-8.

Belles épreuves.

349. Duc de **La Rochefaucauld**, par Choffard, **Voltaire, Montesquieu, Colardeau**, etc. Sept port. in-4 et in-8.

Belles épreuves.

350. **P. de Laroche,** par Sarrabat. — **Daffincourt,** par J.
Audran. — **Dietricy,** par Schmutzer, Ant. **Pesne,**
par Valperga, 4 pièces in-fol.

Belles épreuves.

DREVET (P.)

351. **Beauvau du Rivau** (R.-F. de), archevêque, duc de
Narbonne (F. D. 17). — **Fleury** (le card. de) (F. D.
18). Deux pièces in fol., d'après H. Rigaud.

Très-belles épreuves.

352. **Boileau-Despréaux** (N.), célèbre poète, d'après H. Rigaud, in-fol. (F. D. 24).

Très-belle épreuve.

353. **Le même personnage,** d'après F. de Troy, in-4 (F. D. 25).

Superbe épreuve du 1er état, avant les corrections au mot
Troy.

354. **Dangeau** (Phil., marquis de), gouverneur de Tourrine,
d'après H. Rigaud, in-fol. (F. D. 36).

Très-belle épreuve.

355. **Dodun** (Ch. G.), marquis d'Herbault, d'après H. Rigaud,
in-fol. (F. D. 39).

Très-belle épreuve.

356. **Fourcy** (B.-H. de), abbé de Saint-Wandrille, d'après
H. Rigaud, in-fol. (F. D. 50).

Très-belle épreuve du 2e état, avant la dédicace.

357. **Louis XIV,** roi de France, d'après H. Rigaud, grand in-
fol. (F. D. 55).

Superbe épreuve du 2e état, avant les contre-tailles sur la
colonne qui est près du Roi.

358. **Louis** de France (le Grand Dauphin), d'après H. Rigaud,
in-fol. (F. D. 56.)

Belle épreuve.

359. **Louis-Auguste de Bourbon**, prince de Dombes, d'après F. de Troy, petit in-fol. (F. D. 60).

Très-belle épreuve.

360. **Louis-Alexandre de Bourbon**, comte de **Toulouse**, amiral de France, d'après H. Rigaud, in-fol. (F. D. 64).

Superbe épreuve du 1er état, avant la suppression des deux ancres en sautoir, placées derrière le cartouche renfermant les armoiries. Petite marge.

361. **François-Louis de Bourbon**, prince de Conti, d'après H. Rigaud, très-grand in-fol. (F. D. 66).

Très-belle épreuve.

362. **Gillet** (P.), magistrat, d'après H. Rigaud, in-fol. (F. D. 68).

Très-belle épreuve.

363. **Gondrin d'Antin** (P. de Pardaillan de), évêque et duc de Langres, d'après Vanloo, in-4 (F. D. 70).

Superbe épreuve. Très-rare.

X 364. **Keller** (J. Balth.), commissaire général des fontes de l'artillerie de France, d'après H. Rigaud, in-fol. (F. D. 76).

Très-belle épreuve.

365. **Lambert de Thorigny** (N.), magistrat, d'après N. de Largillière, in-fol. (F. D. 80).

Superbe épreuve.

366. **Le Gendre** (l'abbé Louis), historien, d'après J. Jouvenet, in-4 (F. D. 85 bis.)

Superbe et très-rare épreuve avant toutes lettres.

L'inscription manuscrite, donnant les noms du personnage et ceux des artistes, étant de la main de Mariette, confirme que cette estampe est bien de P. Drevet.

X 367. **Palliot** (P.), héraldiste, d'après G. Revel, in-4, (F. D. 103).

Très-belle épreuve, avec une annotation manuscrite de P. Mariette sous le trait carré à droite : *Il mourut subitement à Dijon le 5 avril 1698.*

368. **Poilly** (F. de), graveur, d'après de Poilly, petit in-fol. (F. D. 105).

> Cette estampe, commencée par J.-L. Roullet, a été terminée par P. Drevet. Très-belle épreuve. Rare.

369. **Polinier** (Jean), abbé de Sainte-Geneviève, d'après J.-P. Lescrinier, in-fol. (F. D. 106).

> Très-belle épreuve avec une petite marge.

370. **Rigaud** (Maria Serre, Mme), d'après H. Rigaud, in-fol. (F. D. 110).

> Belle épreuve.

371. **Rigaud** (Hyacinthe), célèbre peintre. Deux portraits différents. (F. D. 111 et 112).

> Très-belles épreuves.

372. **Rolin** (l'abbé Marcelin), d'après Du Fourneau, in-4. (F. D. 114).

> Superbe épreuve.

373. **Marie d'Orléans**, duchesse de Nemours, d'après H. Rigaud, in-fol. (F. D. 115).

> Très-belle épreuve.

374. **Verthamon** (J.-B.), évêque de Pamiers, d'après Vignon, in-fol. (F. D. 122).

> Superbe épreuve avec les essais de burin et les salissures autour de la planche très-apparents. Très-rare.

375. **Villars** (Claude-Louis-Hector, duc de), maréchal de France, d'après H. Rigaud. (F. D. 123).

> Très-belle épreuve du 3° état, avant que l'inscription en neuf lignes ait été remplacée par une autre formant six lignes.

376. **Vile** (Arnold de), inventeur de la machine de Marly, d'après J.-B. Santerre, in-4. (F. D. 124).

> Très-belle épreuve du 1er état.

377. **Guldenleu** (Christ. de) (F. D. 71), colonel du régiment danois en France. — **Villars** (maréchal H. de) (F. D. 123). Deux pièces d'après H. Rigaud.

> Belles épreuves.

378. **Lamet** (l'abbé Léonard de) (F. D. 82). — **Rohan** (Armand-Gaston, card., prince de) (F. D. 113). Deux pièces in-fol. d'après H. Rigaud.

> Belles épreuves.

379. **J. Issaly** (F. D. 74). — **Le Gendre** (F. D. 85). Deux portraits in-4 d'après N. de Largillière et Jouvenet.

> Très-belles épreuves.

DREVET (P.-I.)

380. **Bernard** (Samuel), fameux financier, d'après H. Rigaud. Très-grand in-fol. (F. D. 11).

> Magnifique épreuve du 1er état. : avant les travaux à la pointe sèche sur les lumières de la main gauche. Elle a une petite marge et est de la plus grande fraîcheur. Rarissime.

381. **Bossuet** (Jacques-Bénigne), évêque de Meaux, d'après H. Rigaud. In-fol. (F. D. 12).

> Très-belle épreuve, avec un point.

382. **Dubois** (G.), cardinal, d'après H. Rigaud. In-fol. (F. D. 15).

> Très-belle épreuve.

383. **Orléans** (Louise-Adélaïde d'), abbesse de Chelles, fille du Régent, d'après Gobert. In-fol. (F. D. 18).

> Superbe épreuve.

384. Louis d'**Orléans**, fils du Régent, d'après Ch. Coypel. In-4 (F. D. 21).

> Très-belle épreuve du 1er état.

385. **Lecouvreur** (Adrienne), célèbre tragédienne, d'après Ch. Coypel. In-fol. (F. D. 24).

> Belle épreuve.

386. **Mailly** (François, cardinal de), archevêque de Reims,
d'après C. Vanloo. In-fol. (F. D. 26).

Superbe épreuve.

387. **Neufville de Villeroy** (Fr.-P. de), archevêque de
Lyon, d'après J.-B. Santerre. In-4. (F. D. 28).

Superbe épreuve.

388. **Louis XV**, roi de France, enfant, conduit par Minerve,
d'après Ant. Coypel. — René **Pucelle**, conseiller au
Parlement, d'après H. Rigaud. Deux pièces in-fol.
(F. D. 22 et 29).

Belles épreuves.

DREVET (Cl.)

389. **Milon** (A.), évêque-comte de Valence, d'après H. Rigaud.
In-fol. (F. D. 11.)

Très-belle épreuve.

390. Henri **Oswald**, cardinal d'Auvergne, d'après H. Rigaud
In-fol. (F. D. 12).

Très-belle épreuve.

391. **Vintimille** (Ch.-G.-G. de), archevêque de Paris, d'après
H. Rigaud (F. D. 14).

Très-belle épreuve.

392. **Zinzendorf** (Ph.-L., comte de), homme d'État allemand,
d'après H. Rigaud. In-fol. (F. D. 15).

Très-belle épreuve du 3e état, avant que la faute au mot
Parisis ait été corrigée.

DUPIN (V.)

393. **Dorat** (M.), médaillon ovale in-8.

Belle épreuve.

DUPUIS. (C.)

394. **Louis XV**, jeune, dans un médaillon tenu par la figure allégorique de la France, d'après H. Rigaud. In-4.

Deux épreuves, dont l'une, très-rare, est avant toutes-lettres.

DUPUIS et DUCHANGE.

395. Messire Le Normant de **Tourneheim**. — Charles de **La Fosse**. — Nicolas **Coustou**. Trois pièces.

Très-belles épreuves.

EDELINCK (G.)

396. **Bertier** (Antoine-François de), évêque de Rieux. Petit in-fol. (R. D. 148).

Superbe épreuve signée *Mariette*, 1672.

397. **Bertin** (Pierre-Vincent), trésorier des Parties casuelles, d'après Coypel, in-fol. (R. D. 149.).

Superbe épreuve du deuxième état, avant la lettre, mais avec les noms des artistes sur le rouleau.

398. **Bossuet** (Jacques-Bénigne), évêque de Meaux, d'après H. Rigaud, petit in-fol. (R. D. 156).

Superbe épreuve du premier état, avant le point à la suite du nom de Rigaud.

399. **Brûlard de Sillery** (Fabes), évêque de Soissons, d'après H. Rigaud, in-fol. (R. D. 161).

Très-belle épreuve.

400. **Colbert** (Jean-Baptiste), ministre d'État, d'après C. Le Brun, in-fol. en largeur (R. D. 171).

Très-belle épreuve. Rare.

401. **Colbert** (Jean-Baptiste-Michel), archevêque de Toulouse, d'après N. de Largillière, in-fol (R. D. 172).

Superbe épreuve du troisième état, avec la lettre, mais avant que la couleuvre, dans les armoiries, ait été changée de côté.

402. **Curvo Semmedo** (Jean), médecin portugais, d'après Félix de Costa, in-4 (R. D. 176.).

Très-belle épreuve.

403. **Descartes** (René), célèbre philosophe, d'après F. Hals, petit in-fol. (R. D. 181).

Superbe épreuve.

404. **Desjardins** (Martin Vanden Bogaert, connu en France sous le nom de), célèbre sculpteur, d'après H. Rigaud, in-fol. (R. D. 182).

Superbe épreuve du deuxième état, avant l'adresse de Drevet.

405. **D'Hozier** (Charles), généalogiste du roi, d'après H. Rigaud, in-f. (R. D. 184).

Très-belle épreuve.

406. **Ferdinand**, prince-évêque de Paderborn. — **N. Feuillet**, chanoine de Saint-Cloud. Deux pièces in-fol., d'après Michelin et Compardel (R. D. 202 et 204).

Très-belles épreuves.

407. **Fléchier** (Esprit), évêque de Lavaur, puis de Nîmes, d'après H. Rigaud, in-12 (R. D. 205).

Superbe épreuve.

408. **Le même personnage**, d'après H. Rigaud, in-12 (R. D. 206.).

Très-belle épreuve du second état. Rare.

409. **Gherardi** (Évariste), comédien italien, connu sous le nom d'Arlequin. In-12 (R. D. 214).

Superbe épreuve du premier état, avant les mots *eg.*, *ro.*, *sc.*, à la suite du nom d'Edelinck. Rare.

410. **Gobinet** (Charles), principal du collège du Plessis, à Paris, d'après N. de Largillière. In-fol. (R. D. 215).

Très-belle épreuve.

411. **Graaf** (Régnier de), médecin hollandais, d'après Watelé. In-12 (R. D. 219).

> Superbe épreuve du premier état, avant toutes lettres. Signée *Mariette*, 1675.

412. **Huet** (Pierre-Daniel), évêque de Soissons, puis d'Avranches, d'après N. de Largillière. In-fol. (R. D. 224).

> Superbe épreuve du premier état, avant le changement du texte dans la bordure. Elle est signée. *P. Mariette*, 1686.

413. **Huyghens** (Chrétien), physicien et mathématicien célèbre. Petit in-fol. (R. D. 225).

> Très-belle épreuve du deuxième état, avant l'adresse de Drevet.

414. **Lamoignon** (Madeleine de), d'après de Seve. In-fol. (R. D. 234).

> Très-belle épreuve du premier état, avant que l'inscription sur la bordure ait été enlevée.

415. **Lionne** (Jules-Paul de), aumônier du roi, d'après J. Jouvenet, in-fol. (R. D. 247).

> Très-belle épreuve du deuxième état, avant que la dédicace ait été enlevée.

416. **Louis XIV**, roi de France, d'après C. Le Brun (pièce de deux feuilles assemblées en hauteur (R. D. 259).

> Superbe épreuve du premier état, avec le texte de la thèse de M. *Jacques-Nicolas Colbert*, soutenue en Sorbonne, le 30 décembre 1677. Très-rare.

417. **La même estampe.**

> Très-belle épreuve du 3e état; le texte de la thèse de M. J.-N. Colbert est remplacé par une composition allégorique.

418. **Louvois** (F.-M. Le Tellier, marquis de), ministre d'État, d'après C. Le Brun, in-fol. en largeur. (R. D. 261).

> Très-belle épreuve.

419. **Mansart** (Jules Hardouin), surintendant des Bâtiments du Roi, d'après Vivien, in-fol. (R. D 267).

> Très-belle épreuve.

420. **Montargis** (Pierre de), amateur des Beaux-Arts, d'après Ant. Coypel, in-fol. (R. D. 277).

> Très-belle épreuve.

421. **Moréri** (Louis), docteur en théologie, d'après de Troye, in-fol. (R. D. 280).

> Superbe épreuve.

422. **Sainte-Marthe** (Claude de), prêtre, d'après Jouvenet, in-12 (R. D. 308).

> Très-rare épreuve du deuxième état, avant le distique sur la face du socle.

423. **Simon** (Pierre), graveur au burin, d'après P. Ernou, in-fol. (R. D. 320).

> Très-belle épreuve du deuxième état, avant l'adresse de Roginé.

424. **Tressan** (Louis de la Vergne-Montenarde), évêque de Vahres, puis du Mans, d'après Desmares, in-fol. (R. D. 330).

> Superbe épreuve.

425. Vincent **Bertin. — Le Fort de la Morinière.** — Michel **Le Tellier.** Trois pièces in-fol., d'après Largillière, Tortebat et Ferd. Voet. (R. D. 149-235 et 244).

> Belles épreuves.

426. **Evrard** (Philippe), avocat au Parlement de Paris. — **Parent** (J.-Charles), chevalier romain. Deux pièces, in fol., d'après Tortebat. (R. D. 198 et 287.

> Très-belles épreuves.

427. **Goltzius** (Henri), peintre et graveur allemand. — **Tortebat** (François), peintre et graveur français. Deux pièces, petit in-fol. (R. D. 216 et 328).

> Très-belles épreuves.

X 428. **Mascaron** (Jules), prêtre de l'Oratoire. — **Saint-Évre-mond** (Charles Marquetel de Saint-Denis de). Deux pièces, in-8 (R. D. 270 et 306).

Très-belles épreuves.

429. **Clément IX**. — Abraham **Teniers**. Deux pièces in-8.

Belles épreuves.

EDELINCK (G.-F.)

430. **Ximenès de Cisteros**, cardinal-archevêque de Tolède. — Le R. Père Alphonse **Rodriguez**, de la Compagnie de Jésus. — **D. Grandville**. Trois pièces in-8.

Très-belles épreuves.

EDELINCK (J.)

431. **Bartholini** (Gaspard), professeur d'anatomie, in-8.

Très-belle épreuve.

432. **Houdart de la Motte** (Antoine), de l'Académie française, d'après Ranc, in-8.

Très-belle épreuve.

433. **Vleughels** (N.), peintre, d'après Ant. Pesne, in-12.

Superbe épreuve avant la lettre.

FLIPART (J.-J.)

434. Madame **Favart**, d'après C.-N. Cochin, in-8.

Très-belle épreuve.

FICQUET (E.)

435. **La Fontaine** (Jean de), de l'Académie française, in-12. (F. 61).

Très-belle épreuve au ruisseau blanc.

436. Pierre **Corneille**. — Madame de **Maintenon**. — **Voltaire**. Trois pièces in-12. (F. 34-93 et 162).

Très-belles épreuves.

FRUTIERS (Ph.)

437. **Capello** (M.-A.), évêque d'Anvers. — **Edelheer** (J.),
ambassadeur. Deux pièces, in-fol.

Superbes épreuves. La première est signée *P. Mariette*, 1694.

GAILLARD (R.)

438. François **Castanier**. — Le Cardinal **S. Potier de Gesvres**. — **D. Duchesne**, abbé de Sainte-Geneviève.
Trois pièces in-fol., d'après H. Rigaud, etc.

Belles épreuves.

GOLTZIUS (H.)

439. **Egmont** (Françoise d'). In-8 (B. 168.).

Très-belle épreuve.

440. **Frisius** (le fils du peintre Théodore). In-fol. (B. 190.).

Belle épreuve.

441. **Decker** (Cath.). In-8 (B. 210.).

Superbe épreuve avant les éraillures sur la planche.

442. **La Faille** (Noël de), célèbre commandant au siège d'Anvers. — Cornelia **Cappelen**, sa femme. Deux pièces
in-8, faisant pendants (B. 212 et 213).

Superbes épreuves.

HOLLAR (W.)

443. **Daniel Barbaro**, d'après Le Titien. In-4.

Très-belle épreuve.

HONDIUS (G.)

444. **Weerdenburg** (Th.). In-fol. 1631.

Superbe épreuve.

HOOV (F. VAN DEN)

445. Cornelisy (J.), chirurgien, d'après C. de Vissher. In-fol.

Superbe épreuve.

HOUBRAKEN (J.)

446. C. Troost. — J. Trip. — Scriverius. — Ferdinand, duc de Brunswick, etc. Onze pièces.

Très belles épreuves.

JEAURAT et JOULLAIN

447. N. Vleughels. — Fr. Desportes. Deux pièces in-fol., d'après Ant. Pesne et Desportes.

Belles épreuves.

LARMESSIN (N. DE)

448. Nicolas **Vleughels** le fils. — Le Cardinal **Polus**, Raphaël d'Urbin. — **Carondelet.** Quatre pièces in-fol.

Très-belles épreuves.

LASNE (M.)

449. Le Président de **Mesmes. — J. Callot. — Strozza. —** Ch. **Doria.** — Ab. **Brunyer**, par Landry. Cinq pièces.

Belles épreuves.

LE BEAU (P.-A.)

450. Étienne et Joseph de **Montgolfier.** Deux pièces in-8, gravées d'après Binet.

Très-belles épreuves.

LEPICIÉ (B.)

451. Boullongne (L. de). — **Capperonier** (Cl.). Deux pièces in-fol., d'après H. Rigaud et Aved.

Très-belles épreuves.

LEVESQUE et LITTRET

452. **Balland d'Augustebourg** (J.-F.). — **Malvin de Montazet** (A. de), archevêque de Lyon. Deux pièces in-fol., d'après Colson et M. Vanloo.

Très-belles épreuves.

LOMBART (P.)

453. **Delafond** (N.), le Gazetier de Hollande. — **Maissat** (P.). **Nevelet** (V.). Trois pièces in-fol.

Très-belles épreuves.

454. **La Serre** (J. Puget de), historiographe, d'après Gr. Huret. In-fol.

Très-belle épreuve.

MADRITI et LONDINI

455. **Lucæ Jordani**, peintre napolitain, d'après Catareno. In-8.

Deux épreuves, dont l'une, avant toutes lettres, est à l'état d'eau-forte.

MARCENAY DE GHUY (Ant. de)

456. **Chastenet** (Jacques-François de), marquis de Puységur. In-4.

Très-belle épreuve, avant la lettre.

457. **Stanislas-Auguste**, roi de Pologne, d'après M. Baciarelli. In-8.

Superbe épreuve, avant toutes lettres.

458. **Charles**, duc de Brunswick et de Lunebourg. — **Mirabeau** (Victor de Riquetti, marquis de). Deux pièces petit in-fol., d'après La Fontaine et Ayed.

Très-belles épreuves.

459. **Henri IV**. — **Sully** (M. de Béthune, duc de). — **L'Hô**-
pital (Michel de). — De **Thou** (Aug. de). Quatre pièces.
In-8.

> Très-belles épreuves.

460. **Charles V**. — **Eugène** (le prince). — **De Thou**
(A. de). — **Argenson** (comte d'). — **Le Sage** (B.-
G.). Cinq pièces. In-8.

> Très-belles épreuves.

MASSON (A.)

461. **Turgot de Saint Clair** (Ant.), maître des requêtes,
in-fol., 1668. (R. D. 66).

> Très-belle épreuve.

462. **Charrier** (Gaspard). — **Patin** (Guy). (R. D. 16 et 60).
Deux pièces in-fol.

> Très-belles épreuves.

463. **Colbert** (J.-N.), abbé du Bec. Buste fort comme nature.
— **Ormesson** (Lefèvre d'). Deux pièces in-fol. (R. D.
19 et 58).

> Belles épreuves.

MATHAM (T.)

464. **Begga** (S.), duchesse de Brabant. — **Salmasia** (C.). —
Webster (J.). Trois pièces. In-fol.

> Très-belles épreuves.

465. Portrait d'homme, à mi-corps. In-fol.

> Très-belle épreuve, avant la lettre.

MELLAN (Cl.)

466. **Buade-Fontenac** (M. de). — **Vezzo** (V. de). — **Cor**-
vina (M.). — **Marolles** (Cl. de). — **Toyras** (Saint-
Bonnet de). Cinq pièces.

> Belles épreuves.

467. **Fouquet** (Nicolas). — **Habert de Montmort** (L.). — **Longueil** (René). — **Séguier** (Pierre). Quatre pièces. In-fol.

Très-belles épreuves.

468. **Deligendes** (R. P. Cl. d'). **Gondren** (R. P. Ch.). — **Orléans** (Louis de). — **Rèbe** (Cl. de). — **Ménicucius** (R.). Cinq pièces.

Très-belles épreuves. Plusieurs sont signées de Mariette.

MEYSSENS (chez J.)

469. *Image de divers hommes d'esprit sublime qui, par leur art et science, devroient vivre éternellement et desquels la louange et renommée fait estonner le monde à Anvers, mis en lumière par Jean Meyssens, vendeur de l'art au Cammestraet l'an M.DCXLIX.* Suite de 66 portraits in-8, plus le titre, des plus célèbres artistes de cette époque, gravés par Hollar, P. Pontius, Van-der-Steen, P. de Baillu, C. Waumam, Y. Neefs, etc.

Très-belles épreuves, avec la 1re adresse, celle de *Meyssens*.

MONTAGNE (N. DE PLATTE)

470. **Barthélemy** (Vincent), avocat. In-fol. (R. D. 19).

Très-belle épreuve.

MULLER (J.)

471. **Neyen** (J.), franciscain, d'après Mierevelt. In-fol.

Très-belle épreuve.

472. **Isabelle-Claire-Eugénie**, d'après Rubens. — **Pépin**, duc de Brabant, et sa femme, par V. Steen. — Portraits de femme avec un jeune nègre, par G. Sadeler. Trois pièces. In-fol.

Belles épreuves.

MULLER (J.-S.)

473. **Louis XVI**, roi de France, en pied, d'après Duplessis. Gr. in-fol.

Très-belle épreuve.

474. **Le Brun** (Louise-Élisabeth Vigée), célèbre peintre, d'après elle-même. In-fol.

Très-belle épreuve.

MULLER (G.-A.)

475. **Schuppen** (J. Van), peintre, d'après lui-même. In-fol.

Belle épreuve.

NANTEUIL (R.)

476. **Boileau** (Gilles), greffier de la grand'chambre du Parlement de Paris, in-fol., 1658 (R. D. 43).

Très-belle épreuve du 2ᵉ état.

477. **Bouthillier** (Victor Le), archevêque de Tours, n'étant encore qu'évêque de Boulogne, d'après Champaigne. In-fol. 1651 (R. D. 54).

Très-belle épreuve du 1ᵉʳ état. Remargée.

478. **Le même personnage**, archevêque de Tours. In-fol., 1662 (R. D. 55).

Belle épreuve.

479. **Chavigny** (L. Bouthillier, comte de), d'après Ph. de Champagne (R. D. 66).

Très-belle épreuve.

480. **Colbert** (Jacques-Nicolas), archevêque de Reims. Buste fort comme nature. Gr. in-fol. (R. D. 78).

Belle épreuve.

481. **Créqui** (François de Bonne, maréchal de). In-fol. 1662. (R. D. 81.)

Très-belle épreuve du 2ᵉ état.

482. **De Sève** (Alexandre), conseiller d'État, prévost des marchands. In-fol., 1662 (R. D. 82).

Très-belle épreuve.

483. **Guénauld** (Francois), médecin de la reine. In-fol., 1664 (R. D. 105).

Très-belle épreuve.

484. **La Meilleraye** (Charles de la Porte, duc de), maréchal de France, d'après Justus, 1640. In-fol. (R. D. 118).

Très-belle épreuve du 2º état.

485. **Le Tellier** (Michel), ministre d'État. Deux portraits in-fol. (R. D. 135 et 136).

Belles épreuves.

486. **Le Tellier** (Charles-Maurice), archevêque de Reims, n'étant encore qu'abbé de Lagny. In-fol., 1663 (R. D. 139).

Très-belle épreuve du 3º état.

487. **Le Tellier** (Michel). In-fol. (R. D. 131). — **Loménie de Brienne** (H.-A. de), secrétaire d'État. In-fol. (R. D. 148).

Belles épreuves. La seconde est du 1ᵉʳ état.

488. **Longueville** (Henri d'Orléans, 11º du nom, duc de), d'après Champaigne. Grand in-4 (R. D. 149).

Très-belle épreuve.

489. **Louis XIV**, roi de France, d'après P. Mignard, 1661. In-fol. (R. D. 152).

Très-belle épreuve, du second état.

490. **Louis XIV**, roi de France, 1676. Buste fort comme nature. Grand in-fol. (R. D. 162).

Très-belle épreuve, du 3º état. Remargée.

491. **Mazarin** (Jules), cardinal, ministre d'État, d'après Mignard. In-fol., 1661 (R. D. 187).

Très-belle épreuve du 1er état. Remargée.

492. **Mesmes** (Henri de), président à mortier au Parlement de Paris. In-fol., 1650 (R. D. 194).

Très-belle épreuve du 1er état. Marge.

493. **Mouy** (Henri de Lorraine, marquis de). In-fol. (R. D. 197).

Très-belle épreuve du 1er état.

494. **Nesmond** (François de), évêque de Bayeux. In-fol., 1663 (R. D. 202).

Très-belle épreuve du 2e état.

495. **Neufville** (Ferdinand de), évêque de Chartres, d'après Champaigne. In-fol., 1657 (R. D. 203).

Très-belle épreuve du 2e état. Remargée.

496. **Péréfixe de Beaumont** (Hardouin de), archevêque de Paris. In-fol., 1663 (R. D. 242).

Très-belle épreuve du 2e état, signée : *P. Mariette*, 1663.

— **Le même personnage** (R. D. 213).

Très-belle épreuve.

497. **Servien** (François), évêque de Bayeux, d'après Champaigne. In-fol., 1656 (R. D. 225).

Très-belle épreuve du 1er état, signée : *P. Mariette*, 1657.

498. **Steenberghen** (J.-B. Van), conseiller du roi au conseil de Flandres, d'après Duchastel, 1668. In-fol. (R. D. 226).

Superbe épreuve du 1er état. Remargée.

499. **Barillon de Morangis** (Antoine), intendant des Finances. In-fol. (R. D. 81). — **Doni d'Attichy** (Louis), évêque d'Autun. In-fol. (R. D. 83). Deux pièces.

Très-belles épreuves.

500. **Guébriant** (Jean-Baptiste-Eudes, comte de), maréchal de France (R. D. 104). — **Scudéri** (Georges de), membre de l'Académie française (R. D. 224). Deux pièces grand in-4.

Très-belles épreuves. La première est du 1er état.

501. **Le Masle** (Michel), Prieur des Roches. In-fol. (R. D. 126). — **Thévenin** (Claude), chanoine de l'Église de Paris. In-fol. (R. D. 230). Deux pièces.

Belles épreuves.

502. **Séguier de Saint-Brisson** (P.), prévôt de Paris. In-4 (R. D. 224). — **Loret** (Jean), poète. In-4 (R. D. 150). Deux pièces.

Belles épreuves.

503. **Blondel** (David), ministre protestant (R. D. 41). — **Le Tellier** (Michel), ministre d'État (R. D. 128). — **Marolles** (l'abbé de) (R. D. 171). Trois pièces.

Belles épreuves.

PASSE (C. DE).

504. **Verdun** (Nicolas), président au Parlement de Paris, d'après Dumoustier. In-4. *N*.

Très-belle épreuve.

PETIT (G.-E.)

505. **Gesvres** (Bernard Potier, marquis de). — **Titon du Tillet** (Éverard). Deux pièces in-fol., d'après M. Vanloo et N. de Largillière.

Belles épreuves.

PICART (ET.)

506. **Mézeray** (François), historiographe de France, d'après Ant. Paillet, in-4.

Très-belle épreuve.

PITAU (N.).

507. **Alexandre VII.**

Très-belle épreuve,

508. **Bignon** (Th.). — **Favier du Boulay** (J.). Deux pièces in-fol.

Très-belles épreuves.

509. **Capello** (Marie-Ambroise), évêque d'Angers, in-fol.

Très-belle épreuve.

510. **Colbert** (Nicolas). — **De Villemontée** (François de). Deux pièces, in-fol.

Très-belles épreuves. La première est signée Mariette, 1683.

512. **Fieubet** (G.). — **Lelly** (C.). Deux pièces, in-fol.

Très-belles épreuves.

513. **Habert de Montmort** (H.-L.), d'après Ph. de Champagne, in-fol.

Superbe épreuve du premier état, avant que le médaillon renfermant les armoiries ait été entouré d'une bordure.

514. **Le même personnage**, d'après P. Floquet. — **Petau** (Paul). Deux pièces, in-fol.

Très-belles épreuves, signées *Mariette*, 1683 *et* 1689.

515. **Péréfixe de Beaumont** (Hardouin). — **Mourgues** (M. de). Deux pièces, in-fol.

Très-belles épreuves. La première est signée *Mariette*, 1666.

516. **Priolo** (Benjamin), historien, d'après Ch. Le Fébure, in-4.

Très-belles épreuves, avant toutes lettres.

517. **Séguier** (Pierre), chancelier, d'après N. de Platte-Montagne, in-fol.

Très-belle épreuve.

518. Stembock (Gustave-Otto), grand amiral de Suède, in-8.

Très-belle épreuve avant la lettre.

519. Voysin (N.), conseiller du roi, d'après P. Mignard, in-fol.

Deux épreuves, dont l'une, très-rare et fort belle, est avant de nombreux travaux sur le socle, avant les chiffres entrelacés dans les angles et les étoiles dans les fonds. Les armes et l'inscription dans la bordure sont différents. Toutes les deux portent la signature de *Mariette*, 1668 et 1698.

520. Wrangel (Ch.-Gustave), général suédois, in-fol.

Superbe épreuve avant la lettre; l'écusson devant renfermer les armoiries est blanc.

POILLY (F.)

521. Bailleul (le président), in-fol.

Très-belle épreuve.

522. Bossuet (Jacques-Bénigne), d'après P. Mignard, in-fol.

Très-belle épreuve.

523. La Mothe-Houdancourt (la maréchale de), in-fol.

Très-belle épreuve.

524. Le Moyne (P.), jésuite. —**Tonduti** (P.-F. de), jurisconsulte. Deux pièces, in-fol.

Très-belles épreuves.

525. Louis XIV, roi de France, en costume d'empereur romain, entouré de figures allégoriques. Composition d'après C. Le Brun, décorant la thèse de Jean-Baptiste Colbert, marquis de Seignelay, soutenue en août1668, dont le texte se lit au centre de l'estampe. Grande pièce de deux feuilles assemblées en hauteur.

Très-belle épreuve, avec une grande marge.

POILLY (N. de)

526. Lionne (Jules-Paul de). Buste fort comme nature, d'après C. Le Fèvre, grand in-fol.

Très-belle épreuve.

527. **Louis XIV**, roi de France, dans une bordure ovale armoriée au bas, sur laquelle on lit : **Ludovicus XIIII, Dei gratia**, etc., d'après Mignard. In-fol.

Superbe épreuve.

528. **Louis XIV**, roi de France, dans une une bordure ovale surmontée de la couronne royale. Dans les angles du bas, reposant sur deux casques, se voient, d'un côté la main de la justice, de l'autre le sceptre. In-fol.

Superbe épreuve.

529. **Olier** (N.-E.), conseiller du roi, d'après C. Le Fevre. In-fol.

Superbe épreuve, avant toutes lettres. Très-rare.

530. **La même estampe.**

Très-belle épreuve, signée *Mariette*, 1692.

531. **Tubœuf** (J.), président en la Chambre des comptes. In-fol.

Très-belle épreuve avant toutes lettres.

532. **Amelot** (le président J.). — **Tubœuf** (le président J.). Deux pièces, in-fol.

Très-belles épreuves.

533. **Beauveau** (G. de), évêque de Nantes. — **Vignerot** (A.-J.-B.), abbé de Richelieu. Deux pièces, in-fol.

Très-belles épreuves.

534. **Monteil de Grignan** (F.-A. de), archevêque d'Arles. — **Bignon** (J.), avocat général. Deux pièces in-fol.

Très-belles épreuves.

535. **Mazarin** (le cardinal). — François **Langlois**, dit Chartres, libraire. — J.-B. **Morin**, médecin. Trois pièces.

Belles épreuves.

536. **Noailles** (Anne, duc de). — **Tresmes** (R. Potier, duc de). Deux pièces in-fol.

Très-belles épreuves.

537. Parfaict (N.), abbé de Bouzouville. — **Lamoignon** (le président G. de). Buste fort comme nature. Deux pièces, in-fol.

Très-belles épreuves.

PONTIUS (P.)

538. Isabelle-Claire-Eugénie, Infante d'Espagne, en habit de religieuse, d'après Rubens. Grand in-fol.

Très-belle épreuve.

539. Olivares (Gaspar-Gusman, comte d'), d'après Velasquez. Grand in-fol.

Superbe et première épreuve avant le mot *de* dans le nom de *Gaspar Gusman*.

540. Philippe IV, roi d'Espagne. — Élisabeth de **Bourbon**, sa femme. Deux pièces faisant pendants, gravées d'après Rubens.

Très-belles épreuves.

541. Rubens (Pierre-Paul), d'après lui-même. In-fol.

Très-belle épreuve.

542. Heem (de). — **Vontius** (A.). Deux pièces in-fol., d'après J. Livens et G. Petri.

Très-belles épreuves.

543. Portrait d'homme tenant un verre. In-fol.

Très-belle épreuve avant la lettre.

PORPORATI (N.)

544. Charles-Emmanuel. — **Victor-Amédée III**, roi de Sardaigne. — **Trichignono**, comte de Quavegna. Trois pièces in-4, d'après Blancheri, Molinari et Dupra.

Très-belles épreuves.

PREISLER (J.-M.)

545. **Frédéric V**, roi de Suède et de Norvège. — La reine
Louisa, sa femme. Deux pièces, petit in-fol., d'après
C.-G. Pilo.

Très-belles épreuves.

ROULLET (J.-L.)

546. **Chaillou de Thoisy** (J.), docteur en Sorbonne, d'après
Gar. Gerardin. In-fol.

Superbe épreuve avant les noms des artistes. Le médaillon que
l'on voit à l'angle du haut à droite n'est pas terminé. Très-rare.

547. **Michel**, maréchal-ferrant. — **P. de Saint-André**, général des Carmes déchaussés. Deux pièces in-4.

Très-belles épreuves. La première est avant toutes lettres.

548. **Clément** (Hilaire), procureur au Parlement. — Catherine **Touchelée**, sa femme. Deux pièces petit in-fol.,
d'après Le Fevre et Colette.

Superbes épreuves avant la lettre.

549. **Chaillou de Thoisy**. — **Le Tellier** (Camille de Louvois), d'après N. de Largillière. In-fol.

Très-belles épreuves.

SAINT-AUBIN (A. DE)

550. **Voltaire** (Arouet de), d'après Denon. In-8.

Très-belle épreuve. Rare.

551. Frédéric **Bignon**. — **Crébillon**. — **Franklin**. — **Hel-
vétius**. Quatre pièces in-8r

Très-belles épreuves.

SALVADOR

552. Le Fils de Rubens, d'après Rubens.

Deux épreuves, dont l'une, superbe et très-rare, est avant
toutes lettres.

SAVART (P.)

553. **Boileau-Despréaux** (N.), d'après H. Rigaud. In-12 (F. 4).

> Superbe épreuve du premier état, avec le mot Fontarabie écrit : *Fond-Taraby*.

554. **Colbert. — Louis le Grand.** Deux pièces in-12, d'après Champaigne et H. Rigaud (F. 14 et 23).

> Très-belles épreuves. Celle du portrait de Colbert est du deuxième état, avec l'adresse de la Barrière Fontarabie.

SCHMIDT (G.-F.)

555. **Scarlati** (Constantin), prince de Moldavie. Grand in-4 (J. 39).

> Très-belle épreuve. Très-rare.

556. **La Tour d'Auvergne** (L. de), comte d'Évreux, d'après H. Rigaud. In-fol. (J. 42).

> Très-belle épreuve.

557. **Saint-Albin** (Ch. de), archevêque de Cambrai, d'après H. Rigaud. In-fol. (J. 47).

> Très-belle épreuve.

558. **La Tour** (Maurice-Quentin de) à une fenêtre, d'après lui-même. In-fol. (J. 50).

> Superbe épreuve.

559. **Le même personnage** sur un chevalet, d'après lui-même. In-fol. (J. 89).

> Très-belle épreuve.

560. **Silva** (J.-B.), médecin, d'après H. Rigaud. In-fol. (J. 52).

> Très-belle épreuve.

561. **Mignard** (P.), premier peintre du roi, d'après H. Rigaud. In-fol. (J. 59).

> Superbe épreuve, avant l'astérisque au milieu de la marge du bas.

562. **Pesne** (Antoine), peintre, d'après lui-même. In-fol. (J. 69).
Superbe épreuve.

563. **La Mettrie** (J. 76). — **Prévost d'Exiles** (J. 61). Deux pièces. Gr. in-4.
Superbes épreuves.

564. **Esterhazy** (Nicolas, comte), d'après L. Tocqué. In-fol. (J. 78).
Superbe épreuve avant le burin qui se voit à droite, sur la tablette de l'encadrement.

565. **Mounsey** (J.), docteur. In-fol. (J. 85).
Superbe épreuve. Excessivement rare.

566. **Borck** (F.-W.), ministre d'État, d'après Ant. Pesne. In-fol. (J. 86).
Très-belle épreuve.

567. **Frédéric-Henri-Louis**, prince de Prusse, d'après A. Vanloo. In-fol. (J. 88).
Très-belle épreuve.

568. **Le Chambrier** (Jean, baron de), (J. 58). — **Le Chambrier** (François), maire de la ville de Neufchâtel (J. 49). Deux pièces in-fol., d'après Landberg et H. Rigaud.
Très-belles épreuves.

569. **Splittgerber** (J. 87). — **Voguell** (J. 64). Deux pièces in-fol., d'après Fabbe et Ant. Pesne.
Très-belles épreuves.

570. **Busching** (Anton-F.). (J.) 90. — Mademoiselle **Clairon** (J. 140). — **Schouvalow** (J. 143). — **Parrocel** (J. 15). — Anna-Louisa **Durbach**. Cinq pièces.
Très-belles épreuves.

SCHUPPEN (P. Van)

571. **Bonzy** (P. de), archevêque de Toulouse, puis cardinal, d'après Bachichi. In-fol., 1690.

Superbe épreuve.

572. **Borri** (J.-F.), chimiste et naturaliste italien, d'après J. Ovens. In-fol., 1675.

Très-belle épreuve, signée P. Mariette, 1692.

573. **Bouillaud** (Ismaël), astronome, d'après J. Van Schuppen. In-fol., 1697.

Très-belle épreuve avant la lettre.

574. **Colbert** (J.-B.), surintendant des finances, d'après Ph. de Champaigne. In-fol., en largeur, 1664.

Très-belle épreuve.

575. **Colbert** (M.), abbé général de l'ordre des Prémontrés, d'après J. Le Fébure. In-fol., 1680.

Très-belle épreuve.

576. **Deshoulières** (Mme), d'après Mlle E. Cheron. In-8, 1695,

Très-belle épreuve.

577. **Este** (Renaud d'), cardinal. In-fol., 1662.

Très-belle épreuve, signée P. Mariette, 1683.

578. **Fromentières** (J.-L. de). In-8, 1688.

Superbe épreuve du 1er état avec la tablette blanche.

579. **Foucquet** (N.), surintendant des finances, d'après P. de la Serre. In-12.

Superbe épreuve. Rare.

580. **Germain** (Cath.), veuve de Simon **Berthelot**, d'après F. Quesnel. In-fol., 1693.

Très-belle épreuve.

581. **Le Tellier** (l'abbé Ch.-M^ce). Deux différents portraits. in-4 et in-fol., d'après P. Mignard et C. Le Fèvre, 1677, 1664.

582. **Lingendes** (R. P. Cl. de), prédicateur français. In-8, 1665.

> Deux épreuves dont l'une, très-belle et fort rare, est avant toutes lettres. Elle est signée *P. Mariette,* 1671.

583. **Lorraine** (Marg. et Armande. Henr. de), religieuses. Deux pièces. In-4.

> Superbes épreuves. La dernière est signée *Cl.-A. Mariette,* 1694.

584. **Louis XIV** jeune, d'après N. Mignard, 1662. In-fol.

> Très-belle épreuve.

585. **Louis XIV**, d'après C. Le Fébure, 1670. In-8.

> Très-belle épreuve.

586. **Mazarin** (J.), cardinal, ministre d'État, d'après P. Mignard. in-fol., 1661.

> Magnifique épreuve, avant que les fonds des médaillons, que l'on voit dans les angles, soient terminés. Extrêmement rare.

586 *bis.* **La même estampe.**

> Très-belle épreuve.

587. **Meerbeck** (Jean-Bap.-Chr., baron de). In-fol.

> Superbe épreuve, avant toutes lettres.

588. **Monchy** (Pierre de), prêtre de l'Oratoire, 1686. In-fol.
> Superbe épreuve du 1er état, avant les noms des artistes.

589. **Nerestang** (Ph., marquis de), général et grand-maître de l'ordre de Saint-Lazare. In-fol., 1701.

> Superbe épreuve, avant toute lettre. Très-rare.

590. **Noailles** (Ant. de), maire de la ville de Bordeaux et gouverneur de Guyenne. In-4.

> Très-belle et rare épreuve, avant toutes lettres.

591. **Péréfixe de Beaumont** (Hardouin dé), archevêque de Paris, d'après C. Le Fébure, 1667. In-fol.

Superbe épreuve.

592. **Pithou** (Pierre et François), jurisconsultes. Deux pièces in-fol., 1685,

Superbes épreuves.

593. **Pinson** (François), avocat. Pet. in-fol.

Très-belle épreuve.

694. **Ponterre** (M. de), d'après J. Dieu. In-fol., 1657.

Très-belle épreuve, signée *Mariette*, 1683.

595. **Simiane de Gordes** (L.-M.-Arm. de), comte de Lyon, premier aumônier de la Reine. In-fol., 1669.

Superbe épreuve.

596. **Trevor Warner** (lady), en religion sœur Claire de Jésus, d'après M. de Largillière. In-8, 1690.

Superbe épreuve. Très-rare.

597. **Verjus** (Jean), prédicateur français, d'après Loire. In-4. 1663.

Deux épreuves, dont l'une, superbe, est avant toutes lettres et avant les emblèmes dans les angles.

598. **Bazin de Bezons** (Cl.), intendant en Soissonnais et en Languedoc. — **Houel de Morainville** (Ch. de). Deux pièces in-fol., d'après C. Le Fébure et van Mol., 1673 et 1668.

Très-belles épreuves.

599. **Braux** (P.-J. de), magistrat. — **Ligny** (D. de), évêque de Meaux. Deux pièces in-fol., d'après Beaubrun, 1661-1658.

Très-belles épreuves.

600. **Hamon** (Jean), docteur en médecine. — **Pontis** (L. de). — **Saveuse** (Ch.), Conseiller du Roi. Trois pièces in-8 et in-12.

> Très-belles épreuves.

601. **Hindret** (Jean), conseiller du roi. — **La Haye** (Fr. de), médecin de la grande-duchesse de Toscane, à Paris. Deux pièces in-8, 1697-1690.

> Très-belles épreuves.

602. **La Gardie** (M. G. de), chancelier de Suède. — **D'Ursé,** chevalier de Malte. — **Zwilling** (F.), dit de **Besson,** capitaine d'une compagnie de gardes suisses. Trois pièces in-fol.

> Très-belles épreuves; la dernière est signée : *P. Mariette,* 1683.

603. Effigies de **Louis XIV** et de M. **Le Tellier,** 1679. Deux pièces in-4 oblong.

> Très-belles épreuves.

604. **Marca** (P. de), archevêque de Paris. — **Nesmond,** évêque de Bayeux. — **Thomassin de Saint-Paul** (le R. P. Louis). Trois pièces in-fol., d'après C. Vanloo, C. Lefébure et J. Van Shuppen.

> Très-belles épreuves.

605. **Béthune-Sully** (Anne de Courtenay, épouse de Maximilien Ier de). In-fol., 1660.

SIMONNEAU (C.)

606. **Louis XIV,** roi de France, médaillon ovale soutenu en l'air par Mercure et deux Génies, d'après A. Coypel, in-fol. (Frontispice de l'histoire des médailles.)

> Deux épreuves, dont l'une, très-rare, est avant toutes lettres. La figure du roi n'est indiquée qu'au trait.

607. Réduction de l'Estampe précédente.

Deux épreuves, dont l'une,.très-belle, est avant toutes lettres et non entièrement terminée.

SUIDERHOEF (J.)

608. **Boxhorn** (M. Zuerius), d'après P. Dubordieu. In-fol. (W. 14).

Très-belle épreuve du 3e état, signée : *Mariette, 1667.*

609. **Heereboord** (Adrien), d'après P. Dubordieu. In-fol. (W. 32).

Superbe épreuve.

610. **Rivet** (André),. d'après P. Dubordieu. In-fol. (W. 72).

Superbe épreuve du second état.

611. **Schurman** (Anne-Marie), peintre, d'après J. Livens. In-fol. (W. 78).

Magnifique et très-rare épreuve du 1er état. Remargée.

612. **Spanheim** (Frédéric),. d'après P. Dubordieu. In-fol. (W. 83).

Superbe épreuve du 1er état.

613. **Swalm** (Éléazar), d'après Rembrandt. in-fol. (W. 84).

Très-belle épreuve du 1er état.

614. **Tromp** (Martin de), amiral, d'après H. Pot., in-fol. (W. 90).

Superbe épreuve.

615. **Hegger** (Rod.). — **Herman** (F.). — **Smaltius** (Noé). Trois pièces in-fol., d'après De Vos, Geets et J.-T. Pass (W. 34, 37 et 82). ·

Belles épreuves; celle du portrait d'Herman est signée : *P. Mariette,* 1680.

SUIDERHOEF et VAN-SOMPEL.

616. **Nassau** (princes de la maison de). Cinq pièces in-fol.

Très-belles épreuves.

SURUGUE (L.)

617. Mme de... (**Monchy**) en habit de bal, d'après Ch. Coypel. In-fol.

> Très-belle épreuve.

618. Louis de **Boullongne** le père. — **Joseph Christophe**, de Verdun. — René **Fremin**. — M. **Charmois**, par Simonneau. Quatre pièces in-fol.

> Très-belles épreuves.

TARDIEU (J.)

619. Bon de **Boullongne**. — **Robert le Lorrain**. — J.-B. **Oudry**. Trois pièces in-fol.

> Très-belles épreuves.

THOMASSIN et TROUVAIN.

620. Le Cardinal **Fleury**. — Jean **Thierry**. — Jean **Pesne**. Jean de **Troy**. Quatre pièces in-fol.

> Belles épreuves.

VERMEULEN (C.)

621. **Bertin** (V.) — **Borcht** (V. Vander). — **Mezetin**. Trois pièces in-fol., d'après de Largillière, de Troy et V. Dyck.

> Très-belles épreuves.

VISSHER (C. DE).

622. Son Portrait, d'après lui-même. In-12 (S. 84).

> Très-belle épreuve, du 1er état.

623. **Bouma** (G. de). In-fol. (S. 89).

> Très-belle épreuve, du 3e état, avant que la date 1656 ait été effacée.

624. **Coppenol** (Lieven van), célèbre calligraphe. In-fol. (S. 93).

> Très-belle épreuve du 3e état, avant que la date 1658 ait été effacée.

625. **Alexandre VII.** — **Vondel** (J.). Deux pièces in-fol.
(S. 86 et 120).
Très-belles épreuves. Le portrait de Vondel est avant toute adresse.

626. **Junius** (R.) — Mérius (J.), pasteur. Deux pièces in-fol.
(S. 99 et 103).
Très-belles épreuves.

VISSHER (J. de)

627. **Proelius** (P.), pasteur, d'après V. Oort.—**Hulst**(A. van der), vice-amiral. Deux pièces, in-fol.
Très-belles épreuves.

VISSHER (Lambert)

628. **Anne d'Autriche**, reine de France, d'après Vanloo, in-fol.
Belle épreuve.

VORSTERMAN (L.)

629. **Érasme**, d'après H. Holbein, in-4.
Très-belle épreuve.

630. **Howard** (Thomas), duc de Norfolk, d'après Holbein, in-fol.
Très-belle épreuve. Remargée.

631. **Isabelle d'Este**, marquise de Mantoue, d'après le Titien, in-fol.
Superbe épreuve. Remargée.

632. **Morus** (Thomas), d'après Holbein, in-fol.
Très-belle épreuve.

653. **Hugens** (C.), conseiller du prince d'Orange.—**Lanier** (Nicolas), maître de musique de Charles Ier. Deux pièces, in-fol., d'après J. Livens.
Belles épreuves.

WATTEAU (d'après A.)

634. **Rebel** (J.-B.), compositeur de la chambre du Roi, gravé
por Moyreau, in-fol.

Très-belle épreuve.

WILLE (J.-G.)

635. **Louis**, dauphin de France, fils de Louis XV. — **Marie-
Thérèse** d'Espagne, sa femme. Deux pièces, in-4,
gravées d'après Klein. (L. B. 106 et 107).

Très-belles épreuves.

636. **Saint-Florentin** (Louis-Phelippeaux, comte de), d'après
Louis Tocqué, in-fol. (L. B. 124).

Très-belle épreuve avant la qualité de *Ministre*.

637. **Frédéric II**, roi de Prusse, d'après A. Pesne. (L. B. 151).

Très-belle épreuve.

638. **Fouquet de Belle-Isle** (Ch.-L.-A.), maréchal de France.
Marigny (marquis de), directeur général des bâti-
ments du roi. Deux pièces in-fol., gravées d'après
H. Rigaud et Louis Tocqué. (L. B. 120 et 135).

Très-belles épreuves.

639. **Boulongne** (J. de), contrôleur général des finances. —
Tencin (P. de), cardinal. Deux pièces in fol., gravées
d'après H. Rigaud et Parrocel. (L. B. 109 et 126).

Très-belles épreuves.

640. **Berrier** (N.-R.), peintre. Deux pièces in-fol., gravées
d'après De Lyen et L. Tocqué. (L. B. 127 et 130).

Très-belles épreuves.

ZAAL (P.)

641 Chasse au sanglier, d'après F. Snÿders.

Très-belle épreuve avant le nom des artistes.

ŒUVRE DE J.-B. DE GRATELOUP.

642 **1. Bossuet** en pied, d'après H. Rigaud (F. 1.). Deuxième état, avant la date de 1771, sur chine.

2. Bossuet en buste, d'après H. Rigaud (F. 2). Premier état, avant toutes lettres, sur chine.

3. Descartes, d'après Fr. Hals (F. 3). Deuxième état, avant le nom du personnage, sur chine.

4. DRYDEN (John), d'après G. Kneller (F. 4). Premier état, avant toutes lettres.

5. Fénelon, d'après J. Vivien (F. 5). Deuxième état, avant toutes lettres, sur chine.

6. Adrienne Lecouvreur. d'après Ch. Coypel (F. 6). Premier état, avant toutes lettres, sur chine.

7. Montesquieu, d'après une médaille de J. Dassier (F. 7). Deuxième état.

8. Polignac (Melchior de), cardinal, d'après H. Rigaud (F. 8). Premier état, avant le cadre.

9. Rousseau (J.-B.), d'après J. Aved (F. 9). Première épreuve, sur chine.

Les neuf pièces précédentes formant l'œuvre complet de J. B. de Grateloup sont superbes. Elles ont toutes leurs marges et sont de la plus grande fraîcheur. Excessivement rares à rencontrer en aussi belle condition.

VIGNETTES

CHODOWIECKI (D.)

643. Vignettes, culs-de-lampe. Quatorze pièces.

CHOFFARD (P. P.)

644. Titres de livres, culs-de-lampe. Huit pièces.

645. Frontispice allégorique sur la franc-maçonnerie, d'après
Monnet.

Très-belle épreuve, avant la lettre.

646. Écussons et cartels, fleurons, culs-de-lampe, etc., pour
l'illustration de divers ouvrages. Quinze pièces.

Très-belles épreuves ; plusieurs sont avant la lettre.

647. Culs-de-lampes. Huit pièces.

Très-belles épreuves.

648. Suite complète de cinq pièces, un fleuron et quatre vignettes, pour l'illustration du poème des Saisons.

Superbes épreuves, avant la lettre. Grandes marges.

649. Suite de seize vignettes, pour l'illustration des Cam-
pagnes du prince de Prusse.

Superbes épreuves, avant la lettre. Grandes marges. Très-
rares.

6

650. Suite de vingt-cinq pièces, culs-de-lampe et fleurons pour l'illustration de l'histoire de la maison de Bourbon, par Desormeaux.

> Superbes épreuves avant la lettre, avec de grandes marges. Très-rares.

651. Suite de trente-quatre pièces, frontispice, planche de dédicace, culs-de-lampe et fleurons, pour l'illustration des Métamorphoses d'Ovide, traduction de M. l'abbé Banier.

> Superbes épreuves, avant la lettre, avec de grandes marges. Très-rares à rencontrer en aussi belle condition.

COCHIN (C.-N.)

652. Vignettes pour les œuvres de J.-J. Rousseau, culs-de-lampe. Quatorze pièces.

COCHIN ET AUTRES

653. L'Arioste. Quarante-cinq pièces, plus le portrait de l'Arioste, par Ficquet.

> Belles épreuves.

COYPEL (les)

654. Vignettes, culs-de-lampe. Quinze pièces.

DIVERS

655. Treize vignettes gravées par Porporati, De Longueuil, etc.

EISEN (C. d'après)

656. Les Fantaisies, les Saisons, les Sens, le Tableau de la volupté.

657. Suite de vingt-quatre en-têtes et culs-de-lampe, gravés par Massard, pour l'illustration des odes d'Anacréon, Sapho, Bion et Moschus, etc., par MM. M... et C..., 1772.

> Superbes épreuves, avant la lettre. Très-rares.

658. Suite complète de vignettes pour l'illustration des Contes et Nouvelles en vers, de La Fontaine, édition des fermiers généraux, plus le portrait d'Eisen, gravé par Ficquet.

Très-belles épreuves ; les figures du *Cas de conscience* et du *Diable de Papefiguière* sont découvertes.

659. Seize pièces, doubles des précédentes.

Belles épreuves.

660. Dix-sept pièces des figures refusées.

Très-belles épreuves. Rares.

661. Treize pièces, culs-de-lampe, gravés par Choffard, pour l'illustration des Contes de La Fontaine, édition des fermiers généraux.

Superbes épreuves, tirées hors texte. Grandes marges. Excessivement rares.

EISEN MARILLIER

662. Vignettes pour la Henriade, les Métamorphoses d'Ovide, etc.

663. Six frontispices gravés par De Ghendt.

664. En-têtes, culs-de-lampe, 16 pièces.

Superbes épreuves avant la lettre.

GRAVELOT

665. Théâtre de Corneille. Trente-sept pièces.

666. Almanach iconologique des Arts et des Sciences, années 1764 et 1774. Vingt-cinq pièces.

DE LONGUEIL (J.)

667. Le Lutrin. Suite de six pièces. Très belles épreuves avant la lettre.

MARILLIER

668. En-têtes et culs-de-lampe pour l'illustration des Fables de Dorat. Suite de deux cent deux planches, dont nous ne possédons que cent quatre-vingt-quatre. Manquent les pièces suivantes :

En-têtes. Livre Ier, fable XVI ; livre IIe, fables I, VII, XV, XVIII ; livre IIIe, fable X ; livre IVe, fables I, XV.

Culs-de-lampe. Livre Ier, fables I, XVI, XIX ; livre IIe, fables I, XVII, conte du faune trompé ; livre IIIe, fables I, XI ; livre IVe, fables I, XV et XVI.

Superbes épreuves, avant la lettre, tirées hors texte. Elles ont de grandes marges. Collection excessivement rare à rencontrer aussi nombreuse et en aussi belle condition.

MOREAU (J.-M.)

669. Le Jugement de Paris, vignette avant la lettre pour les chansons de De Laborde, etc. Vingt et une pièces.

Paris. — Typ. G. Chamerot, 19, rue des Saints-Pères. — 7447.